砥砺奋进十年路 培根铸魂育英才

徐特立学院十周年纪念

张 筱 冯慧华 张 赞 赵 昊 朱兆洋 丁 雨 ◎ 编

北京理工大学出版社
BEIJING INSTITUTE OF TECHNOLOGY PRESS

版权专有　侵权必究

图书在版编目(CIP)数据

砥砺奋进十年路　培根铸魂育英才：徐特立学院十周年纪念 / 张笈等编. -- 北京：北京理工大学出版社，2023.9

ISBN 978-7-5763-2876-9

Ⅰ. ①砥… Ⅱ. ①张… Ⅲ. ①北京理工大学徐特立学院-纪念文集 Ⅳ. ①G649.281-53

中国国家版本馆 CIP 数据核字(2023)第 171043 号

责任编辑：申玉琴		文案编辑：申玉琴	
责任校对：刘亚男		责任印制：李志强	

出版发行 / 北京理工大学出版社有限责任公司
社　　址 / 北京市丰台区四合庄路 6 号
邮　　编 / 100070
电　　话 /（010）68944439（学术售后服务热线）
网　　址 / http://www.bitpress.com.cn

版 印 次 / 2023 年 9 月第 1 版第 1 次印刷
印　　刷 / 三河市华骏印务包装有限公司
开　　本 / 710 mm × 1000 mm　1/16
印　　张 / 15
字　　数 / 206 千字
定　　价 / 138.00 元

图书出现印装质量问题，请拨打售后服务热线，负责调换

序
PREFACE

在新时代打造更加卓越的拔尖创新人才培养高地

冯慧华

创新,是一个民族进步的灵魂;人才,是一个国家兴旺发达的关键。党的二十大报告指出,要全面提高人才自主培养质量,着力造就拔尖创新人才。作为中国共产党创办的第一所理工科大学,北京理工大学精准服务国家战略人才需求,创新人才自主培养模式,四任院士校长接续奋斗,持续推进拔尖人才培养改革。1994年,时任校长王越院士亲自推动建立了拔尖人才培养改革实验班,拉开了学校荣誉教育的序幕;2013年,时任校长胡海岩院士推进实施"明精计划",成立拔尖人才培养特区——徐特立学院;2018年,时任校长张军院士推动实施"寰宇+"计划,一体化推进拔尖人才培养改革,2021年,发起成立未来精工技术学院并亲自担任院长,奏响了新时代拔尖创新人才培养的新序曲;2022年,校长龙腾院士担任未来精工技术学院首席科学家,引领拔尖人才本博贯通培养改革的持续深化,学校拔尖创新人才培养改革又踏上新的征程。

卅载荣誉教育探索,北理工育万千国之栋梁;十年荣誉学院实践,"徐特立"铸一流卓越英才。坚守育人初心、锐意改革进取,北京理工大学30年砥砺推进荣誉教育探索与实践，徐特立学院10年奋力谱写荣誉学院改革篇章，形成一系列拔尖创新人才培养的新模式、新举措，为国家重点行业、重要领域培养了一批"胸怀壮志、明德精工、创新包容、时代担当"的拔尖创新领军领导人才，在国内形成较大影响力，为北京理工大学中国特色高等教育的"红色育人路"实践做出了重要贡献。

为庆祝徐特立学院成立十周年，我们编撰了这本书，用于记录学院建院以来的育人理念、学生的成长历程和教师代表的育人心得。书中内容既有客观描述，又含情怀抒发，既满载史实，又发人深省，是十年以来所有参与徐特立学院建设与发展的师生的共同思想成果与实践结晶。

新时代，新征程，新目标，新作为。面向下一个十年，徐特立学院需要强化教育、科技、人才"三位一体"理念引领，在高水平双领人才自主培养、高水平学科专业自主建设、高水平科技自立自强、拔尖人才培养范式自主构建等方面持续发力，进一步打造国内顶尖、国际知名的荣誉教育品牌，培养更多堪当民族复兴大任的卓越人才。

一是明德砺志，培根铸魂。要将红色基因教育和思想品德引领"多维度、广场域、全周期"融入拔尖创新人才培养中，探索思政育人模式"合纵连横"，思政育人手段"不落窠臼"，思政育人过程"润物无声"，思政育人效果"内铸于魂"，藉书院学院深度协同，将深仁厚泽、坚毅担当、志存高远、家国情怀等品质熔为"特立学子"的内在基因与共同属性。

二是守正创新，强基精研。保持战略定力，扎实"特立学子"数理力学基础，强化跨学科融合，筑牢拔尖创新人才终身学习能力，提升未来学术发展潜力；砥砺开拓创新，推进一流科研资源同拔尖人才培养的深度融合，结合科技自立自强、学科专业自主构建，完善教育、科技、人才的"三位一体"协同模式，打造支撑一流人才培养的教学供给侧高质量要素集。

三是五育并举，全人教育。打造横向校内校外联合、纵向多类课堂协同、垂向低高年级递进的拔尖创新人才"德智体美劳"融通式课程、培养环节、品牌活动体系，强设计、有组织推进对拔尖人才人文涵养、艺术修养、国际视野、实践创新等素养及能力的培养，塑造"能文亦武""惊才善领""康健阳光""四海融通"的、能够堪当民族复兴大任的国家重大科技领域及交叉前沿学术方向领军领导人才。

臻于至善，敦行致远。肩负璀璨的历史和光荣的使命，徐特立学院/未来精工技术学院将进一步坚持以习近平新时代中国特色社会主义思想为指导，持续秉承老院长徐特立先生教育思想与育人理念，以全面卓越为目标，深耕细作，砥砺前行，加快推动教育、科技、人才"三位一体"融合发展，加快提升人才自主培养能力与体系建设，引领学生担当科技报国时代使命，培养更多基础知识深厚、综合素养优异的拔尖创新人才，为第二个百年奋斗目标的实现做出应有贡献。

目 录
CONTENTS

砥砺奋进十年路　　　　　　　　　　　　　　　　　　　　/ 001

时光掠影　　　　　　　　　　　　　　　　　　　　　　　/ 015

　　2013—2016年　　　　　　　　　　　　　　　　　　　 / 016
　　2016—2018年　　　　　　　　　　　　　　　　　　　 / 020
　　2019年　　　　　　　　　　　　　　　　　　　　　　 / 026
　　2020年　　　　　　　　　　　　　　　　　　　　　　 / 029
　　2021年　　　　　　　　　　　　　　　　　　　　　　 / 033
　　2022年　　　　　　　　　　　　　　　　　　　　　　 / 043
　　2023年　　　　　　　　　　　　　　　　　　　　　　 / 057

拔尖创新人才培养　　　　　　　　　　　　　　　　　　　/ 067

薪火相传学子悟　　　　　　　　　　　　　　　　　　　　/ 071

　　激扬青春，全力以赴　　　　　　　　　　　　　白闻硕 / 072
　　知行合一，笃行致远　　　　　　　　　　　　　龚衡恒 / 076
　　与伟人同行
　　　　——读书、赏月、攀山、迎雪　　　　　　　黄　腾 / 080

十年桃李天下，学院正值芳华		
——我的北理故事	黄晓伟 /	086
九年求学今日毕，踔厉奋发在明时	李文吉 /	092
胸怀高远，脚踏实地	李子睿 /	097
追光	刘澳昕 /	100
京工七载之小小感悟	刘济铮 /	106
只不过是从头再来	刘诗宇 /	110
扬帆起航，乘风破浪	祁宇轩 /	115
北理情，徐院缘	乔 力 /	120
不负青春与韶华，科创科研守初心	芊展骅 /	125
我在徐特立学院	史佩卓 /	129
我的成长故事	王 嚣 /	134
传承徐老精神，争做有为青年	王天一 /	139
用汗水浇灌收获，以实干笃定前行	王铁儒 /	143
发现的乐趣	魏恺轩 /	147
不忘来路，再扬风帆	余全洲 /	153
心怀国之大者，矢志成才奋进	袁祥博 /	159
树人为君子，博学以精工	张慧雯 /	164

滋兰树蕙师者说　　　　　　　　　　　　　　　　　　/ 169

浅谈本科阶段拔尖创新人才培养对辅导员的新要求	杨青萌 /	170
十年砥砺育芬芳，奋楫扬帆再远航	史建伟 /	177
特立英才，生于阶庭		
——徐特立英才班课程教学侧记	王 菲 /	181
特立之缘	马宏宾 /	186
机械贯通英才教育有感	王西彬 /	194

拔尖创新人才培养思考
　　——与徐特立学院同行十周年回顾　　　　　　　　　夏元清 / 198
我与徐特立学院　　　　　　　　　　　　　　　　　　胡更开 / 205
徐特立学院十周年之感
　　——关于拔尖创新人才培养的几点思考　　　　　　盛新庆 / 209
培养"理论联系实际、勇担强国使命"的特立英才　　　陶　然 / 212
徐特立英才班"学术用途英语"课程建设有感　　叶云屏　杨　敏 / 217

附录　徐特立学院历届毕业生名录（2017届—2023届）　　/ 225

砥砺奋进十年路

概况

徐特立学院于2013年1月16日成立，是学校拔尖创新人才培养重要基地，以中国著名革命家、教育家、延安自然科学院院长徐特立先生的名字命名。学院以"3+1+X"年动态学制、导师制、本硕博贯通培养模式，构建拔尖创新人才培养体系。

学院初设徐特立英才班，2013年9月开始招生，至2018年8月一直挂靠研究生院，主要负责徐特立英才班相关政策制定、培养方案设计与执行。2016年5月前，学院协调相关部门实施教学与培养，学生的日常管理委托基础教育学院实施。徐特立英才班学生采取书院式管理，实行"一对一"导师制个性化培养模式。2016年5月，徐特立学院设立专职副院长和辅导员岗位，实施学生教学和教育管理。

2018年8月，学院独立运行，不再挂靠研究生院，同时设立特立书院，与徐特立学院合署。2019年，学院增加基础学科拔尖学生培养计划2.0专业；2020年，增加"强基计划"专业。2020年12月，经学校党委批准设立徐特立学院党委。2021年8月，成立未来精工技术学院，奏响了新时代下北理工打造拔尖创新人才培养改革新特区的新序曲。

历任领导

徐特立学院历任领导

姓名	职务	任职时间
孙逢春	院长（兼）	2013.1—2014.5
张青山	院长（兼）	2014.5—2016.6
方岱宁	院长（兼）	2016.6—2018.9
张笈	院长	2018.9—2021.8

续表

姓名	职务	任职时间
张军	院长（兼）	2021.8—
冯慧华	常务副院长	2021.8—
张笈	书记	2020.12—
盛新庆	副院长（兼）	2013.1—2014.5
仲顺安	副院长（兼）	2013.1—2016.5
张青山	副院长（兼）	2013.1—2014.5
杨东晓	副院长（兼）	2016.5—2018.7
程杞元	副院长	2016.5—2020.1
史建伟	副院长	2018.11—2022.3
赵昊	副院长	2020.12—
史建伟	副书记	2020.12—2022.3
李成刚	副书记、副院长	2022.9—2023.6

人才培养

为加强拔尖创新人才培养，2013年，学校实施"明精计划"，在原本硕博贯通培养基础上丰富内涵和扩展外延，成立徐特立英才班，取代原"本博连读班"和"数理基础实验班"。制定"明精计划"招生政策、培养方案、分流和补入实施细则、课程建设方案、海外联合培养基地建设方案，并招收首批学生97人，论证和启动一批具有探索性的基础课、综合交叉课。学院实行学术班主任与行政班主任双聘制度。

学院总结教学改革经验，开展拔尖创新人才和协同创新人才培养模式研究，首批制定宇航、机械、电子信息和自动化4个方向本科培养方案，聘请校内外优秀教师，为学院学生单独授课。2014年12月，召开年度教育教学工作研讨会，结合课程教学和学生情况，就学院培养模式、课程改革、生源甄选、学院建设等方面提出意见和建议。

2015年，"明精计划"专项课程建设计划启动，支持建设9门学科贯通课程和6门高端交叉课程。

徐特立学院学科贯通课程和高端交叉课程一览

课程名称	负责人	备注
材料力学与结构力学Ⅰ，Ⅱ	胡更开	学科贯通课
航天器导航与控制Ⅰ，Ⅱ	唐胜景	学科贯通课
精密制造工学基础	王西彬	学科贯通课
动力机械热动力学	刘福水	学科贯通课
车辆快速性与控制	苑士华	学科贯通课
信号处理与技术Ⅰ，Ⅱ，Ⅲ	陶 然	学科贯通课
通信与网络基础理论与应用Ⅰ，Ⅱ，Ⅲ	安建平	学科贯通课
电磁理论、计算、应用Ⅰ，Ⅱ，Ⅲ	盛新庆	学科贯通课
控制科学基本理论与应用Ⅰ，Ⅱ，Ⅲ	夏元清	学科贯通课
学术用途英语Ⅰ，Ⅱ，Ⅲ，Ⅳ	叶云屏	高端交叉课
数理与工程	张向东	高端交叉课
工程导论	吴嗣亮	高端交叉课
计算科学	姚裕贵	高端交叉课
数、算与理	李尚志	高端交叉课
矩阵代数、控制与博弈	程代展、马宏斌	高端交叉课

2月，成立"明精计划"专家委员会暨徐特立学院教学指导委员会，提出适当减少必修课，增加高水平选修课，聘请优秀教师；课程贯通设计在减少课堂教学学时的基础上，注重课程设计的精致，实现以学为主、以教为辅的教学模式。

2016年，推动导师制落地，完善学院导师库，导师规模逾270人，包括中国科学院院士、中国工程院院士2人，"长江学者"6人，教学名师7人。2013级学生均与导师对接，进入实验室。2014级和2015级的导师对接比例分别为29.4%和16%。学院设立"汇贤"奖学金，当年奖励金额近6万元，获奖人数35人次。加强学生科技创新指导工作。针对一年级本科生，举办科技创新周，设定红外线智能车、四轴无人机、模拟电动船等5类项目。针对二、三年级本科生，设立"特立杯"课外科技作品立项，涵盖社会科学论文、自然科学论文、科技发明制作、编程应用4个类别，审核通过作品27项。针对四年级本科生，主要依托责任导师和实验室平台，引导学生参与相关领域科研项目，发表高水平文章。

2017年，扩大专业覆盖面，制定涵盖12个学院、17个学科方向的本硕博贯通培养方案，形成第一学年强化数理及科学基础培养，第二学年注重大类基础培养，第三、第四学年以个性化培养为重点的本硕博一体化培养体系。学生从第二学年开始，进入个性化的导师制培养模式。2016级学生专业确认方向涉及宇航、机电、机械工程、信息工程、自动化、计算机科学等。

2018年，以全面提升人才培养能力作为工作的出发点和落脚点。完善"本研一张课表"，构建适合拔尖创新人才的课程体系。本硕博一体化改革获北京市、国家教育教学成果奖。2017级学生专业确认新增材料、物理、化学3个专业方向，形成大信息、大机械、大理科本研贯通人才培养通道。9月，学院培养规模扩大，2018级通过二次选拔招生299人，编入9个行政班。

2019年，学院提出起草徐特立学院改革方案。对标国内拔尖人才培养标志性学院，从英才学生培养方案、培养模式、课程建设、名师授课、国际访学等方面对照检视，提出学校、学院、书院、教师、学生协同育人新模式，优化拔尖创新人才培养方向，建立荣誉教师和荣誉课程体系等。举办第二届学术论坛，在学生进入导师团队参与科研交流汇报的基础上，6篇学术论文获奖。学生获学科、科创竞赛奖励国际级4人次、国家级33人次、省部级78人次。组织创新创业课题28项，104名学生参与。

2020年，积极推动拔尖创新人才培养改革。统筹协调制定4个"强基计划"专业培养方案，与各重点工科学院召开拔尖创新人才培养改革推进会，协调督促各专业学院建立重点工科方向培养团队，完成培养方案制定；加强政策激励注动力，制定"汇贤"激励资助办法，改革综合测评办法，设置院长特别奖，从源头上增强学生拔尖创新主动性。

2021年，成立未来精工技术学院。时任校长张军亲自担任徐特立学院院长和未来精工技术学院院长；提出"三新""三柔""三全""两贯通""四融合"育人理念；强化制度建设与教育教学供给侧改革，引入院士导师和一流课程，推进项目制、进阶式实践体系建设，打造学院拔尖创新人才培养要素集；成功组织未来精工技术学院揭牌仪式及教育部高教司调研交流活动。

强化拔尖创新人才科学培养。制定"强基计划"学生学术能力综合评价方案，完善质量保证机制，实现科学评价、动态进出；建立学院教学质量评价与持续改进机制，启动学生综合评价研究专项，持续探索徐特立英才班"直管""托管"协同育人模式；推进柔性培养具体举措，完成2021级学生分级分类教学和拔尖班、特色班学生遴选。

抓实学风建设，助力学术发展。构建教学与学生工作联动机制，注重"形成性"学业状态数据对强化学风建设"精准滴灌"作用发挥；举办第四届学生学术论坛，1 200余人参与并受益；学生年度发表学术论文9篇，获批专利3项，获学科/科创竞赛奖励国际级2人次，国家级83人次，省部级160人次，组织创新创业课题109项，约330名学生参与。

2022年，高水平建设未来精工技术学院。贯彻落实"三新""三柔""三全""两贯通""四融合"育人理念，核心团队顶层谋划，学科专业多轮研讨，制定"聚焦智能无人，本博一体贯通；强化数理基础，关注学科交叉；优化学科基础，重构方向课程；发挥导师优势，实施柔性培养；多维实践育人，构建双领能力"为特征的本博贯通培养方案；构建学科专业核心课程，建设精品人文素养课程，构建四年阶梯式实践课程体系，一体化设计国际高端课程；邀请校长龙腾院士任首席教授，16位院士导师领衔导师团队，以科学家精神引领学术探索。

深化徐特立学院改革。构建多元化拔尖创新人才动态选拔机制，制定各类拔尖创新人才评价标准与选拔方案，高质量选拔121人进入学院培养计划，完成强基班学术能力评价；拓宽专业面向，打通文理学科，启动国际组织和全球治理人才培养；强化协同育人机制，顺利完成2021级英才班292人专业确认，形成《直管+托管教学管理工作细则（试行）》；建设教学评价与持续改进机制，组建教学评价与持续改进工作组，对学院教学组织、运行和质量评价与持续改进开展常态化评估与具体指导；改进学生激励机制，修订形成《特立书院学生综合素质评价办法》《特立书院汇贤激励资助计划实施办法》；构建导师制工作体系，广泛征集遴选555名国家级人才、教授的学术导师库，完成2020级学术导师双选。高质量举办第五届学术论坛，共邀请两院院士4人、领军人才20余人，学院31名学子进行学术汇报，校内外3 000余人参与其中。

2023年，推进"教育、科技、人才"三位一体的学院实践，瞄准科技前沿与国家重大战略需求，强化高层次人才自主培养能力建设。进一步完善未来精工技术班本硕博贯通培养方案，组织召开未来精工技术学院培养方案评审会并通过评审，不断完善拔尖人才培养课程体系、课程内容融合和课内课外协同。积极推进拔尖创新人才培养的国际交流生态氛围建设、资源优化共享、拔尖创新人才国际化培养工作机制等工作，发布新版《徐特立学院/未来精工技术学院特立书院学生国际交流资助办法》，联合国际交流合作处、教务部发起成立特立英才国际项目指导服务中心。

合作交流

2014年，开始组织学生出国交流，3名2013级学生参加暑期学校。

2015年，组织并支持15名学生赴北美等地交流学习，其中3人参与暑期学校，1人参加国际竞赛，11人进行海外实践学习。

2016年，组织并支持25名学生赴海外高水平大学交流学习。学院有海外访学经历学生占比达到25.5%。

2017年，90名学生参加暑期海外社会实践、海外名校夏令营、国际竞赛、学术会议、海外毕业设计等国际访学项目，涉及8个国家地区、19个海外著名高校、7个国际知名企业。

2018年，40名学生赴海外交流学习，其中1人为长期交换生，5人参加暑期学校，4人参加交流活动，1人参加国际竞赛，29人进行海外实践学习，资助金额超过100万元。11月4日，学院教师赴南京大学参加第四届荣誉教育峰会。

2019年，支持70名学生参加海外访学、国际竞赛和学术会议，资助金额142万元。建设加州大学戴维斯分校，开展英国牛津、剑桥大学访学项目。

6月，2015级机械方向本科生李子睿受邀赴法国巴黎参加国际智能车辆领域IEEE IV会议并作交流报告。10月，2016级机械方向本科生龚乘受邀参加第22届电气电子工程师学会智能交通系统会议并作学术交流报告。4月18—19日，学院教师赴哈尔滨工业大学、南方科技大学调研荣誉教育办学模式。7月5—6日，在第六届海峡两岸暨港澳地区高校现代书院制教育论坛期间，特立书院加入"高校书院联盟"。11月1日，学院教师赴天津大学参加第五届荣誉教育峰会。

2020年，在全球受到疫情严重影响的情况下，学院共支持11人赴海外交流学习。线下出访6人，其中5人参与国际双学位项目，1人参与国外访学项目，涉及4个国家5所海外顶尖高校，包含澳大利亚国立大学、英国曼彻斯特大学、英国伯明翰大学、瑞典皇家理工学院、德国亚琛工业大学。4人参与线上网络科研项目。

2021年，在受到疫情严重影响的情况下，学院坚持探索在地国际化路径，鼓励学生通过线上平台参与国际交流，共26名同学参与项目，其中25人参加线上科研实践、专业学习。

2022年，全年共计151人参与国际交流项目，其中学院搭建平台，联合英国剑桥大学、美国卡内基梅隆大学教授共同开设2门国际化小学期课程和国际化通识课程，全校范围内参与该课程人数共计118人，包含院内62人。此外，有5人参加国际竞赛；2人线下、1人线上参与科研实践；2人参与文化交流项目；37人参与专业学习，42人参加短期海外课程，项目涉及英国、美国、加拿大、俄罗斯、西班牙等6个国家，涉及10余种类型。

2023年，截至6月，国际化项目参与人数共计401人次，其中学院联合英国剑桥大学、英国帝国理工大学、美国卡内基梅隆大学、澳大利亚阿德莱德大学共开设2门国际化小学期课程及4门暑期国际课程，课程容量达到270人。此外，国际竞赛、专业实习、文化交流、短期海外课程等项目类型10余种，涉及德国、英国、美国、加拿大、俄罗斯、澳大利亚、日本等国家和地区，全年预计实际派出超120人次。

党建思政

2016年6月前，学生党建工作主要依托基础教育学院党委。

2016年6月—2020年12月，学院党组织关系隶属机关党委。组织青年马克思主义培训班，截至2019年，参与人数423人，发展党员53人，培养入党积极分子235人。组建十九大精神学习宣讲小组和"习语"宣讲团，开展党员宣讲团十九大"双巡"活动，组织学生赴京内外10所小学开展宣讲，引导学生学习习近平中国特色社会主义思想，贯彻党的十九大精神。

2019年，学院建立党支部书记联席会议制度，由党支部书记、副书记、辅导员、组织员及党务干事组成，负责统筹协调推进学院/书院党建工作。组织"不忘初心、牢记使命"主题教育，开展活动30余次，包括个人学习、集中学习、学生座谈、学生党团活动、相关高校调研、志愿扶贫等。开展党员"提前一天报到、晚一天离校"党日活动品牌活动，发挥党员先锋作用。学院第二党支部与团中央办公厅党支部开展共建活动，获北京市2019年学生党支部"红色1+1"活动优秀奖。

2020年，徐特立学院各党支部在支部书记联席会的统筹指导下，结合"红色1+1"支部共建活动具体要求，开展了多种形式的支部共建活动，形成了"一支部一特色、一支部一品牌"的百花齐放的学生党建态势。同团中央办公厅党支部开展系列支部共建活动，开展了"同心战'疫'——青年在思考"支部共建活动；与大学生杂志社开展支部共建活动；结合传统节日——清明节，在支部内开展"学习徐老精神，做徐老合格接班人"云扫墓特色活动；同清华大学机械系2019级博士生党支部开展志愿抗疫共建活动；与胡堡村党支部开展"红色1+1"共建党建扶贫等多项品牌活动。

2021年，学院党委正式成立。成立党委筹备工作组，提升党建思政质量，严格按要求开好学院第一次党员大会，选举党委委员；建立学院党校，建立学院工会，加强团的基层组织建设。首届党委针对学院党建形势，及时调整党支部设置，形成中关村校区、良乡校区贯通的纵向党支部格局，定期召开党支部书记联席会议，发展学生党员156名；扎实推进党史学习教育，召开"七一"表彰大会，树立榜样典型。党支部通过共产主义学习实践会学习小组与学生班团建立联系，党建带团建，落实思想政治工作。

2022年，夯实基层党建，深入学习贯彻党的二十大精神，全员全覆盖，"六学"二十大。通过专题学、集体学、深入学、参观学、互动学、创新学等"六学"二十大，组织开展党的二十大精神学习30余场，实现党的二十大精神和新修正党章学习宣讲全覆盖；学校党委书记张军以普通党员身份参加教工党支部活动，宣讲党的二十大精神。加强规范化建设，优化党支部格局。成立学院党建工作小组，构建两校区纵向贯通的党支部格局，全年发展党员110名，转正党员120人，共召开党委会18次、党政联席会议22次、支部书记会议8次，组织党委中心组学习12次。先锋引领带动，创新党建品牌。开展"我的入党故事"活动，记录党员入党时刻、政治生日和不忘初心三个时刻，增强党员意识；召开"七一"表彰大会，开展党员先锋班，树立榜样群体；开展"我是党员战'疫'线，守护博雅党旗飘"活动，成立由161名学生党员组成的博雅园宿舍楼临时党支部同心抗疫；与万佛华侨陵园、胡堡村、景山中学、沂水县委组织部等开展共建活动，获北京市教委"红色1+1"示范活动三等奖。

2023年，深入开展学习贯彻习近平新时代中国特色社会主义思想主题教育，全员全覆盖，持续推进学习贯彻党的创新理论往深里走、往实里走、往心里走。截至6月，组织开展主题教育学习35场，分专题、强互动、学理论、联调研，坚持学深悟透，坚持知行合一，坚持问题导向，高质量推进学院主题教育各项工作。迎接学校党委第二巡视组专项巡视，按照反馈意见抓好整改落实。牵头制定"一校一策"监督方案。学院党委持续推进大党建大思政工作，完善两校区纵向贯通的党支部组织结构，良乡学生党支部增加到6个，并完成党支部换届调整。全年发展党员120名，转正党员110人。先锋模范实现带头引领，党建品牌汇聚红色动能。开展第十届党员先锋班，树立党员榜样，以党建带团建促班建，推进拔尖创新人才成长；开展"我和党的故事"宣讲活动，寻访中法大学旧址，回望初心使命；与万佛华侨陵园、景山中学、北京市第十一中学、广渠门中学等开展共建活动，以共建促党建，以党建促发展，发挥合力，共赢未来。

学生工作

2016年6月前，徐特立英才班学生日常教育管理归属于基础教育学院理学与材料学部。在基础教育学院各项活动基础上，徐特立学院学生开展了参观实验室、经典阅读课结课辩论等特色活动。

2016年，学院成立学生工作办公室，制定并实施《辅导员、班主任考评细则》，明确责任，量化标准。组织学生赴4个省市36个红色旧址、教育基地开展主题教育活动，引导学生坚定理想信念，培育主流价值观和社会责任感，学生参与度达100%。建立红色素质教育基地2个、徐特立图书室2个。组织学生编撰《红色足迹》，记录活动实施方案和过程。推出"北理徐院"微信公众号。推出"背后的故事"和网络思政课2个线上品牌活动。学院专职辅导员获人社部颁发"职业生涯规划师"和"创新创业讲师"资质。学院教师发表思政论文3篇，包括中文核心1篇。

2017年，学院开展趣味活动，利用"班级—寝室—个人"三线联动，引导学生"走下网络、走出宿舍、走向操场"，累计举办文体活动21场，1 000余人次参与。

2018年，探索第一课堂、第二课堂融合机制。学院邀请51名学者开展"导师领航"讲座、"汲识·启航"沙龙。连续三年开展全覆盖体验式理想信念教育，组织2018级全体同学赴延安学习实践。开展徐特立教育思想主题宣讲和"重走徐老初心路"主题活动，以故事为主线，通过演讲、表演、舞蹈等宣讲模式展现徐特立不同时期精神内涵。梳理"全员书院制"培养模式，健全特立书院工作体系，形成特色育人机制。青年网、农民日报等17家媒体对学院相关工作进行报道。

2019年，加强书院建设。学院实施以"领航"为牵引、"筑巢、寰宇"为支撑、"雏鹰、强翼、丰羽、翱翔"为主体的"124鹰翔计划"，全面培育学生以"立志立德、领军领导、学精学深、求同求异、创新创造、国家国际"为特质的英才气质。完善"三全导师"育人体系，制定《学育导师管理办法》；聘请两院院士王越作为首席"逐梦"导师。完成社区建设一期工程。构建激励学生拔尖创新制度体系，制定《学生综合素质拓展实施办法》《汇贤激励资助项目管理办法》。设立团学骨干联席会议制度，推进工作协同落实；改革重构院级学生组织6个，完善章程，加强指导，拓展第二课堂载体。时任校党委书记赵长禄为2019级新生讲授思政第一课，组织"三全导师"为学生指导学业、讲解专业，帮助学生快速适应大学生活。

2020年，打造思政品牌，营造良好政治生态。学院紧密结合学生特点和英才培养目标，牵头推进徐特立精神融入大学生党建和思政教育，落实立德树人根本任务，营造良好政治生态。深入研究徐特立精神时代内涵，探索徐特立精神育人有效路径，成果获"红色育人路"优秀论文入围奖，获批工信部党建课题1项。以徐特立精神引领学生党建团建，以徐老名字命名党支部和班级组团，打造以"学、寻、述、示、悟"徐老精神为主线的系列思政活动，引导党员爱党爱国、创先争优。完善以徐特立精神为内核的书院文化体系，确定"实事求是，不自以为是"为学院学风，设计吉祥物"特立鹰"，塑造鲜明的"特立文化"烙印。2020年，在徐特立精神引领下，特立学子[①]认真学习习近平新时代中国特色社会主义思想，坚定理想信念，入党申请人数大幅增加；党团员率先垂范，扎实做好疫情防控，涌现出一批抗疫榜样；结合"红色1+1"共建，开展爱心助学和暑期支教，援建爱心超市和徐特立图书室，打造"三融合"党建扶贫特色品牌；247名师生完成校庆演出和志愿服务任务，学生爱校荣校情怀不断增强；将红色基因融入科技创新，相关活动被中国教育报、中国科学报等多家媒体报道。

2021年，坚持立德铸魂，落实党史学习教育各项任务。学院成立以党委书记为组长的学院党史学习教育领导小组，制定党史学习方案，组织百名师生共赴延安开展"延安行 延河情"主题教育实践；组织学生现场观摩珠海航展、赴华为调研等，有计划培养未来学子[②]领军领导人才综合素质与内涵品质；组织师生党员坚持开展"党史百年党员天天读"品牌活动，共举办活动

---

① 指徐特立学院的学生，全书同。
② 指未来精工技术学院的学生，全书同。

166期；组织开展"七一"北湖宣誓，部分师生参加建党百年专项活动；编辑出版《特立精神研究与育人实践》，自编自导自演原创舞台剧《长征中的徐特立》，将徐特立精神育人实践经验总结并推广应用。为群众办实事好事16项。

2022年，全方位全维度激励学生追求卓越。学院高质量举办第五届学术论坛，共邀请两院院士4人、领军人才20余人，学院31名学子进行学术汇报，校内外3 000余人参与其中；举办"汲识·启航"学术沙龙，邀请50余位教授讲座，覆盖学生1 000余人次；举办学科体验月活动，组织445名学生深入8个专业学院参观学习；坚持五育并举，书院获校第59届运动会新生组、书院组团体总分二等奖，新生运动会团体第二名，"延河杯"智力运动会团体第一名、乒乓球团体赛第一名、足球赛季军等优异成绩；聚焦创新创业品格培养，主动对接20余个学院/研究院，收集题目1 180余项，453人次参与"大创"项目，其中178人次担任项目负责人，均创书院新高。2022年，共134人次获得国家级竞赛奖项，170人次获得省部级竞赛奖项，13人公开发表学术论文，其中1人以第一作者发表顶级会议CVPR 2022论文1篇，7人以第一作者发表SCI一般期刊/一般会议论文。

2023年，乘院庆十周年东风，凝心聚力，继往开来。截至6月，学院举办第六届学术论坛，邀请两院院士15人、领军人才20余人。开展"聆听·探索·实践"学科专业体验月活动，组织近百场学科专业报告、12次国家级/省部级实验室参观、6家优秀企业参观，学生近3 000人次参与其中。加强人文素质教育，开设音乐鉴赏、英语应用、绘画设计等"0学分"人文素质专修课，举办北湖音乐节、"遇见"音乐会、体育文化节、"5·25"心理健康节、"4·23"特立读书人等活动。获得北京理工大学"五四"红色舞蹈展演第一名，"延河杯"女子足球赛冠军、排球赛亚军等文体奖项，丰富学生大学生活，助力创新拔尖人才培养。学生科创再创新高，在"挑战杯"、数学建模等国家级项目中以第一负责人身份获得最高奖项4次，其他国家级奖项近60人次。推进书院制育人工作，加强社区建设，打造书院活力新天地，邀请胡海岩院士揭牌特立社区，打造学校书院建设新标杆。

时光掠影

2013—2016年

2013年北理工召开拔尖创新人才培养工作会

召开"明精计划"实施进展汇报会　　召开2014年度教育教学工作研讨会

召开徐特立学院2013级新生家长见面会

参加2013年诺贝尔奖获得者北京论坛

时光掠影

开展徐特立学院2013级新生入学教育

徐特立英才班2013年招生简章　　　召开专项课程和培养方案评审会

召开大学英语课程改革研讨会

组织2013级学生参观西山实验室

召开徐特立学院2015级新生见面会

组织英语四级模拟考试

党员发展转正

组织博雅讲堂

《数学分析》串讲

梁堂华老师作"徐特立——知识分子与时俱进的光辉典范"主题讲座

2016—2018年

党委书记赵长禄到学院调研

寄送学生成绩单

组织六级模拟考试

学生家长回信

徐特立学院2015级本科生德育开题交流会

徐特立学院举办第一届科技创新周

参观中国抗日战争纪念馆

张青山院长授课

"世纪杯"科技展

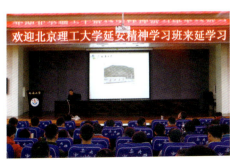
"延安根,军工魂"徐特立学院延安行

徐特立学院2016级新生见面会

砥砺奋进十年路　培根铸魂育英才
徐特立学院十周年纪念

2016年元旦联欢晚会

参加第五十四届运动会暨2016年体育文化节

研究生院与徐特立学院学生座谈会

时光掠影

开展"专业领航"系列活动

徐特立学院第一届"特立杯"课外科技作品评审会

召开班主任交流会　　召开2017年徐特立学院人才培养研讨会

砥砺奋进十年路　培根铸魂育英才
徐特立学院十周年纪念

2018年寒假青年师生赴美社会调研项目宣讲会

举办第一届"启航杯"趣味运动会

徐特立学院党支部开展祭扫活动，缅怀徐特立老院长

举办师生见面会

时光掠影

清华大学博士团来校宣讲

举办第一届"汇贤·科研"奖学金答辩会

赴2018年"致汇英才"荣誉学院青年交流峰会

2019年

党委书记赵长禄为徐特立学院新生讲授"思政第一课"

校长张军到学院调研指导

党委副书记包丽颖到学院调研指导

副校长王晓锋到学院调研指导

徐特立学院2019级迎新活动

举办徐特立学院第二届学术论坛

特立书院加入"高校书院联盟"　　　　徐特立学院参加第五届全国高校荣誉教育峰会

学生赴美社会实践

特立学子获电子设计竞赛全国一等奖　　　李子睿获全额资助赴法国IEEE IV学术交流

龚乘在学术导师龚建伟教授指导下在IEEE ITSC会议作学术交流报告

国文杰在美国杜克大学参加杜克大学创新创业项目

召开英语教学研讨会

召开学育导师工作会暨学风建设研讨会

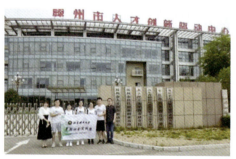

北京理工大学鲁南研究院协同推进筹建大学生科技创新苑

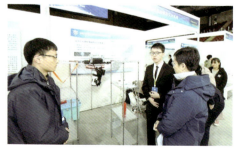

莘展骅获全国智能机电创新设计大赛一等奖

2020年

徐特立学院2020级迎新活动

2016级本科生德育答辩活动

举办徐特立学院第三届学术论坛

2020级新生学前教育之云游校史馆活动

2020年全体党员大会暨第五期党员先锋班活动

徐特立学院2020届毕业典礼

科技创新月活动

30011803团支部举办"特立潮头，实践报国"主题团日活动

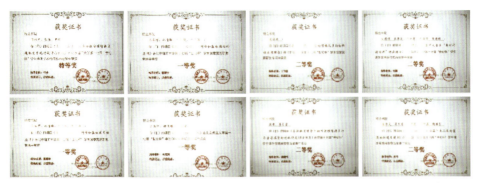

特立学子在北京理工大学第十七届"世纪杯"再创佳绩

特立学子在2020年"无人车挑战杯"华为云人工智能大赛中斩获佳绩

特立学子在第十三届全国大学生创新创业年会上获得"最佳创意项目"奖

召开"强基计划"专业培养方案专家评议会　　举办支部书记抓党建工作总结交流会

砥砺奋进十年路　培根铸魂育英才
徐特立学院十周年纪念

举办徐特立学院/特立书院第五届科技创新月

举办2020级新生学育导师/班主任工作会

2021年

成立未来精工技术学院

校长张军讲授开学第一课

教育部高教司领导调研

开设精工技术导论课

砥砺奋进十年路　培根铸魂育英才
徐特立学院十周年纪念

党委书记赵长禄调研学院建设

副校长王晓锋调研指导学院建设

中共北京理工大学徐特立学院党员大会顺利召开

开学典礼

举办徐特立学院第四届学术论坛

师生合著《特立精神研究与育人实践》

学党史，百人赴延安寻根

原创舞台剧《长征中的徐特立》成功首演

书院学院拔尖创新人才协同培养院长联席会

召开班主任及学育导师座谈会

召开 2018 级学生学业情况汇报会

探索共建重点中学徐特立实验班

参加珠海航展

赴北京航空航天大学调研交流

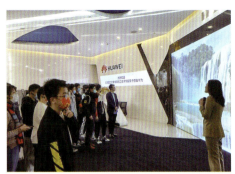
参观华为北研所

同研究生院座谈交流

同物理学院座谈交流

未来精工技术学院研讨会

同教学运行与考务中心座谈交流

同科研院座谈交流

同机电学院座谈交流

同集成电路与电子学院座谈交流

举办"汲识·启航"系列学术沙龙

举办"从游学苑"优秀学长经验交流会

举办学长团朋辈交流活动

开展朋辈导师学业帮扶串讲活动

校长张军与未来精工技术学院首届学生座谈

砥砺奋进十年路　培根铸魂育英才
徐特立学院十周年纪念

组织未来精工班学生参观党史纪念展、校史馆

组织学生参观材料学院、自动化学院实验室

2021级新生活动　　　　　　　　参观中国共产党历史展览馆

常务副校长龙腾参加"学党史 悟初心　　党委理论中心组（扩大）专题学习
话成长 共奋进"主题教育活动

第六党支部组织生活会

第四党支部联合广渠门中学开展"红色1+1"共建活动

副校长庞思平参加2019级德育中期答辩

举办"学百年奋斗党史 做徐老合格学生"清明陵园祭扫活动

举办第七期党员先锋班

举办"特立精神"宣讲会

领导班子党史学习教育专题民主生活会

"七一"师生重温入党誓词

三名学生参加庆祝中国共产党成立100周年大会合唱

师生参加"青春心向党 筑梦迎冬奥"主题党团活动

师生参加"永远跟党走 奋进新征程"主题教育

师生在延安宝塔山开展党史学习教育活动

与毕业生开展就业座谈

徐特立学院2017级毕业典礼

参加"赓续红色基因 传承延安精神"纪念"一二·九"运动八十六周年歌咏比赛并获二等奖

举办"博雅杯"篮球比赛

时光掠影

举办第四届"乒搏羽共"运动会

举办"力行"学生骨干培训

举办"丰羽学苑"活动

举办新生篮球赛

举办运动会

组织学生参观学校创新创业成果展

举行2021级迎新晚会

打造书院社区"家"文化

全体新生参加军训

2022年

党委书记张军指导学院迎新工作

校长龙腾指导学院迎新工作

党委副书记、副校长庞思平调研指导学院工作　　副校长王晓锋调研指导学院工作

党委副书记包丽颖调研指导学院工作

举办徐特立学院第五届学术论坛

举行院士导师暨未来精工技术学院首席教授聘任仪式

举行2022级开学典礼

召开书院学院协同育人工作会

特立学子助力北京冬季奥运会

召开书院、学院拔尖创新人才协同培养联席会

召开徐特立学院人才培养改革暨书院学院协同育人工作推进会

成立教学评价与持续改进工作组

举办"一起向未来"冬奥主题DIY工程创新与劳动实践活动

举办学科体验月活动

举办"世界抗疫战 北理青年声"英语演讲线上嘉年华

召开2022级新生学育导师见面会

举办第九期党员先锋班，全体党员参观中共党史馆

党委书记张军参加徐特立学院教工党支部关于党的二十大精神专题学习

召开工程实践课群建设与教学改革研讨会

组织2022年拔尖创新人才选拔工作

开设国际化课程——自主移动机器人基础

教学评价与持续改进工作组会议　　　　　　同计算机学院座谈交流

开设系列工程实践课程

同任课教师及教学团队座谈交流

赴北京大学元培学院调研交流

同数学与统计学院座谈交流

同宇航、数学、物理、化学与化工学院座谈交流

未来精工技术学院本博贯通培养研讨会

组织未来精工班参观201所

砥砺奋进十年路　培根铸魂育英才
徐特立学院十周年纪念

徐特立学院"直管+托管"教学管理模式研讨会

组织开展拔尖创新人才培养教学改革项目

徐特立学院第四党支部党员发展大会

举办徐特立学院入党积极分子培训班

党支部书记例会

"书记工作坊"交流

新老团支部联合共建

院领导联系各学生党支部开展党的二十大精神学习并宣讲

举办"特立同行"考前串讲活动

举办"从游学苑"优秀学长经验交流会

砥砺奋进十年路　培根铸魂育英才
徐特立学院十周年纪念

"特立精神"研究实践团

时光掠影

特立学子服务2022年北京冬季奥运会

学生党支部联合共建

深入开展就业指导　　　　　　　师生集体观看党的二十大

组织学生参观分析测试中心、物理学院实验室

师生共同参与疫情保障工作

2021级学生开展德育开题

参加学校第五十九届运动会暨新生运动会

举办"明思杯"新生辩论赛

举办"秋染霜枫 音蕴特立"2022年深秋歌会

举办"丰羽学苑"——广式肠粉体验专场

举行新生篮球赛

举行"汲识·启航"学术沙龙讲座

砥砺奋进十年路　培根铸魂育英才
徐特立学院十周年纪念

举办特立书院第六届运动会暨第二届体育节

举行"特立新青年 相逢正当时"迎新晚会　　　　举行新生足球赛

开展"小手拉大手 重走徐老初心路"社会实践　　开展方山支教志愿服务实践

全体新生参加军训　　　　　　　　　　　　　　设计制作2018级毕业纪念品

2023年

召开卓越工程师学院建设工作交流研讨会

召开人才培养大讨论专题研讨会

召开2022—2023春季新学期系列教师座谈会

召开人才培养大讨论之"强基计划"专项推进会

召开2022—2023学年第二学期教学评价与持续改进工作会

砥砺奋进十年路　培根铸魂育英才
徐特立学院十周年纪念

党支部书记抓党建工作述职评议大会

徐特立学院党委第十期党员先锋班

召开学院年度重点工作研讨会

学院师生共看"两会"

校长龙腾参加"同频共振新时代，共振正青春"座谈会

召开学生党支部书记会

志愿者服务第十三届"挑战杯"中国大学生创业计划竞赛

召开学生国际交流项目宣讲会

时光掠影

特立学子获第十三届"挑战杯"中国大学生创业计划竞赛金奖

中法大学旧址参观实践

未来精工技术学院特立2120团支部"学雷锋精神,做时代新人"主题团日活动　　团委"力行"骨干培训班参观中共党史馆

砥砺奋进十年路　培根铸魂育英才
徐特立学院十周年纪念

赴国内"双一流"高校开展调研交流

第六、第十五党支部赴八宝山革命公墓祭扫

第三、第十四党支部"赓续特立精神,争做时代英才"主题党日活动

第五、第十四党支部国旗下思政课

未来精工技术学院祭扫良乡烈士陵园

赴中央戏剧学院观看《八女投江》　　　　陶然亭参观实践活动

举办第七届院运会暨第三届体育节

"延河杯"乒乓球比赛

"四月寻声,春和景明"北湖音乐会

德育开题系列活动

砥砺奋进十年路　培根铸魂育英才
徐特立学院十周年纪念

参加校第六十届运动会

同图书馆举办"特立读书人"世界读书日活动　　　　完成主题教育读书班第一单元学习

学习贯彻习近平新时代中国特色社会主义思　　　　徐特立学院警示教育大会
想主题教育动员大会

主题教育良乡党支部书记会

未来精工技术学院人才培养方案评审会

未来精工技术学院教学指导委员会委员聘任仪式

徐特立学院党委2022—2023第二学期入党积极分子培训班

"五四"红色舞蹈展演——"特艺新语"联队获得第一名

砥砺奋进十年路　培根铸魂育英才
徐特立学院十周年纪念

举办徐特立学院/未来精工技术学院第六届学术论坛

举办"我和党的故事"主题宣讲活动

举办"以行健心，共镌心趣"大学生心理健康节　　精工学子赴百度Apollo Park开展实践学习

拔尖创新人才培养

学院以"立德铸魂,博雅学术,名师精育,自我驱动"为培养理念,瞄准培养能够引领人类文明进步、在重大科学发现和重大科学与工程的领军领导人才的目标,实施创新人才培养改革试点。2013年成立徐特立学院,形成拔尖创新人才培养改革特区。2019—2020年,先后实施"基础学科拔尖学生培养计划2.0"和"强基计划",遵循"精深基础,学科交叉,自主创新,个性培养"理念,培养综合素质优异的基础学科拔尖创新人才。2021年,结合学校优势学科,建立特色英才班;聚焦"智能无人+"相关战略领域及"卡脖子"技术方向,成立未来精工技术班。2022年,设立特色英才之国际组织与全球治理班,探索实践科技全球治理人才培养模式改革。

徐特立英才班作为学院拔尖创新人才培养的最主要类型之一,经过十年的改革与创新,探索出一条具有北理特色的拔尖创新人才培养模式。

综合评价,动态进出。学院分阶段制定考核评价办法,按照课程学习成绩、前沿科学研究能力、学术创新能力、综合素质评估、培养前景与心理评估五个方面进行考核评价。采用"分流+动态选拔"的选才鉴才机制:本科阶段组织年度考核,第一学年考核不合格或自愿放弃徐特立英才班资格的学生,可自主选择学校工科、理科、管理类专业学习;第二学年及以后考核不合格或自愿放弃研究生培养资格的学生,可在已选定专业继续完成培养,合格后获得本科毕业资格及相关专业学士学位,不预设分流比例。

本研一体,贯通培养。徐特立英才班采用"3+1+X"年本硕博贯通动态学制,构建了学科贯通课程和高端交叉课程构成的课程体系,由国内外相关领域高层次人才授课。通过考核评价且有志继续在我校攻读硕士、博士学位的学生,可提前进入研究生阶段学习。

柔性教育,导师引导。第一学年以强化数理化科学基础和通识教育为主;第二学年开始,根据学生学习成绩和特长,引导学生在全校选择相关领域的院士、专家、学者为学术导师,学生进入导师实验室,加入导师团队,开展科研活动，实施"一师一生"因材施教的个性化培养，重点培养学生的科学素养和创新实践能力。

高端课程，名师精教。学院课程体系依托国家一流课程群，由数理化基础课程、学科骨干课程、学科贯通课程和高端交叉课程组成。学科贯通课程和高端交叉课程由国内外相关领域的知名学者（国家教学名师、北京市教学名师、"长江学者"、国家杰出青年基金获得者）讲授，数理化基础课程和学科骨干课程由校内外教学名师讲授。

创新研究，梯级保障。学院依托国家级科研平台与教学中心，打造梯级进阶、协同联动的学生实践创新平台，着力拔尖创新人才培养基地建设，定期组织开展学科专业体验月、创新项目孵化、学术论坛等创新实践活动。学院实施"汇贤激励资助计划"，大力引导激励学生开展学术研究，参加高水平学科/科创竞赛活动或发表学术论文。

国际视野，多维深造。学院为学生开辟了多样化国际交流通道，支持学生赴海外参加短期访学、学术交流和实践项目。学院倡导学生在本科阶段至少有一次海外高水平大学学习或国际名企交流经历，开放全校访学项目和"3+1"或"2+2"联合培养项目，并根据实际条件给予资助；学生在研究生阶段可申请海外高水平大学公派留学或联合培养机会，部分优秀学生可申请获得国家留学基金委全额资助。

英才气质，书院熏育。实施学院、书院协同育人机制，依托特立书院教育，重点培育学生六大核心模块的英才气质，实施以"领航"为牵引，"筑巢、寰宇"为支撑，"雏鹰、强翼、丰羽、翱翔"为主体的"鹰翔计划"，构建以学术导师为核心的"七位一体"导师队伍，加强名师引领，打造品牌活动，全面培育学生英才气质和人文素养。

学院在人才培养过程中，始终坚持"导师制、严要求、小班化、定制化、国际化"，突出"高起点、高标准、高质量"，使徐特立学院成为学校顶级优秀生源的向往地、尖端名家大师的荟萃地、人才培养改革的先导区、一流资源保障的中心区、拔尖"双领"人才的高产区。

薪火相传学子悟

激扬青春，全力以赴

作者简介 白闻硕，中共党员，徐特立学院2018级工程力学方向本科生，现为北京大学固体力学专业2022级博士研究生。曾任学院学长团团长、新烛读写社社长；获评徐特立奖学金及"北京市优秀毕业生""北京市三好学生"荣誉称号；连续三学年获评国家奖学金与"优秀学生标兵"荣誉称号；在校的六个学期均获优秀学生一等奖学金，多次获评"优秀共青团员""优秀'三全'育人朋辈导师""优秀实践个人"等荣誉称号；共计获评国家级、省部级科创竞赛奖项12项。

一、仰望星空，脚踏实地，恪守学生本分

我始终坚信，在学习过程中，只有以郑重的态度、专注的品质、主动的探索为标准，才能提升思维水平与认知能力，进而不断提升自己。大学三年，脚踏实地，锐意进取，我的学业成绩与综合成绩均位列机械大类专业第一名，连续三学年获得国家奖学金与"优秀学生标兵"称号，在校的六个学期均获得校级优秀学生一等奖学金，多次获评"优秀共青团员""优秀'三全'育人朋辈导师"等荣誉称号。

大学期间，多次斩获数学、物理、力学领域专业学科奖励，基础夯实才会有向上的动力；六轮校赛、两次国赛、两次美赛，无关奖项，不谈赛题，每一次的数学建模都给予我新的收获，让我切实体验到探索规律、建立模型与抽象演绎的魅力与意义。在这些学科竞赛基础上，我积极延伸，科创拓展，无人驾驶方程式赛车队、大学生工程训练综合能力竞赛……在不断的实践与尝试中逐渐明晰了自己的"力学"专业方向，并在实验室与"大创"项

目的历练下，不断提升自己的科研能力。在此期间，我共计获评国家级、省部级竞赛奖项12项、校级奖励15项。

大三学年，我有幸进入力学专业深入研习，在徐特立学院"一对一"学术导师的指导下，进入宇航学院波动力学实验室，在胡更开教授指导下，参与"非线性超材料"课题的研究工作，学习力学超材料领域基础知识，明晰局域共振型超负特性的机理，尝试结合弹性波超材料功能设计相关知识，提出新型波动控制策略，并作为团队骨干，完成北京市大学生创新创业项目。

本科阶段工程力学的专业学习，更多的是在培养探索规律、建立模型与抽象演绎的能力。学精学深，练就本领，在不断历练与实践中，我逐渐明确了自己的科研兴趣方向——对智能材料、波动控制等领域抱有极大的研究热忱。并以此为契机，在北京大学工学院开启了属于自己的博士研究生涯。我志愿在国家重大战略需求的指引下，深耕基础研究，积极面向应用，为推动科技原创贡献自己的力量。

二、奉献担当，青春历练，实践增强本领

回顾自己四年的大学生活，我始终铭记——在成长道路上，学校学院、老师与辅导员、各位学长学姐都给予我非常多的帮助与指导，正是大家的提携与指点，才使我逐渐明确了自己的方向。心怀感恩，传递力量，我能做的就是将这些收获与经验分享出去，去帮助更多的学弟学妹们。这也是我们朋辈导师与学长团的初心所在。

作为一名学生党员，我始终履行全心全意为同学服务的宗旨，乐于助人，积极奉献。大三以来，我一直担任未来精工技术学院/徐特立学院学长团的负责人，坚持做好本职学生工作，立足朋辈帮扶事务，助力新生追求卓越。我也因此广受师生信赖，并获得"北京市三好学生"与"优秀朋辈导师"荣誉称号。

"一枝独秀不是春，百花齐放春满园。"我兴趣爱好广泛，在充盈的大学生活中，锻炼实践，丰富自我。大一大二期间，曾担任新烛读写社主席，以持之以恒的奉献与热爱，志愿让文学之风吹遍这所理工科为主的校园；在

写作交流会上，各位同好畅所欲言；在读书计划微信群里，不同书院的书友们分享交流……多次活动的组织策划让我切实地体验到学生工作带来的成长与收获。曾经发布的一个朋友圈总结道："新烛对于自己又意味着什么？很简单，一群志同道合的伙伴，一起搭档工作的挚友，一份属于自己的奉献与热爱。仍以书为媒，继以文会友，愿初心不改，期岁月无声。只争朝夕，不负韶华！"

大学四年，我也经常参与志愿服务与社会实践，多次获评"社会实践先进个人"。跟随"重走徐老院长初心路"实践团，前往江西瑞金、陕西延安等多地，游学研习，走访调研；在中国共产党建党百年之际，积极从实践中凝练徐特立精神内涵，创作舞台剧《长征中的徐特立》，参与《徐特立精神研究与育人实践》书稿的撰写，并获得首都"挑战杯"红色实践专项赛二等奖、北京市优秀实践团队等多项市级、校级奖励，传承红色基因，筑建信仰之基。

三、服务冬奥，细致工作，聚焦祖国高光时刻

2022年，我以媒体转播实习生的身份参与了北京2022冬奥服务。赛事期间，我一直保持着专注的精神，高标准、高效率地完成了冰壶赛程的档案记录，得到了质量监管团队的一致认可。站在世界舞台之上，我以专业的技能、饱满的热情、严谨的态度，在服务冬奥盛会中，激扬青春，奋力前行！

冬奥服务适逢农历新年，作为媒体转播实习生临时党团支部书记，积极响应学校与学院的号召，带领学生骨干们一起在工作场馆营造浓浓年味儿，给场馆工作人员带来了一次难忘的春节体验。这场活动受到了新华社、北京日报等多家媒体的报道，我和同学们用真心和热情为北理工服务保障冬奥会工作取得了"开门红"。

习近平总书记曾寄语青年朋友："时间之河川流不息，每一代青年都有自己的际遇和机缘，都要在自己所处的时代条件下谋划人生、创造历史。"大学四年，我先后参与国庆游行、校庆晚会、冬奥服务等重大任务，在不断的实践中历练成长，把青春奉献给祖国与学校的"高光时刻"！

四、流水争先，滔滔不绝，前路不遗余力

志之所趋，无远弗届；这是我本科生涯的终点；

穷山距海，不能限也；这更是我科研之路的起点。

北理千日再回首，志在心，别无求；

吾辈自当做砥柱，勇担当，于中流！

四年时光，临近尾声。

白驹过隙，唯有感激。

在北理工徐特立学院的四年，我收获了太多，成长了太多。在这里我想分享徐特立老院长的一段话，作为今天演讲的结尾。他曾经对青年朋友说："我们应当比前一代怀更大的志气，报更大的理想，负更大的责任，把祖国建设得繁荣兴旺！"的确，一代代北理工人胸怀家国情怀，把人生理想融入国家富强和民族复兴的伟大事业中。流水争先，争的是滔滔不绝。前路我们都将不遗余力！

知行合一，笃行致远

> **作者简介** 龚衡恒，徐特立学院2015级本科生，自动化学院2019级博士研究生，师从夏元清教授，研究方向为动力学神经网络、学习控制系统。曾参与一项国家面上项目与一项北京市面上项目，并以第一作者的身份被录用SCI期刊论文1篇、EI源论文2篇，获批国家发明专利1项。

我是徐特立学院2015级自动化方向的本科生龚衡恒，现在是北理工自动化学院的博士生，师从夏元清教授，主要从事动力学神经网络与控制系统的相关研究。本科期间我在保证课程成绩95%优良率的同时，还投入到导师团队的科学研究中，现阶段累计被录用SCI刊源论文1篇、EI源论文2篇，获批国家发明专利1项；同时在科创竞赛中倾注了同样的热情，并取得了成绩。

我想和大家讲讲我的本科生活和一些经验，虽然可能境况不尽相同，但是也可以给大家做一些参考。对我来说，徐院[①]是一个很开阔的舞台，只要自己想做，你可以让自己过得充实，学院也会给你相关的指导和支援。古语有云："冰冻三尺非一日之寒。"这些成果其实也是一个积累与成长的结晶。大一的时候，我也是一个坐在台下或坐在训练场听学长和辅导员分享自己大学生活的萌新。我还记得，我们当时军训有一个随队的辅导员，当听他说自己是徐奖[②]得主时，"拿一次徐奖"便成为我奋斗开始的"小目标"。虽然我并不是学院里的"大神"，但我仍会和我的朋友畅谈规划，在寝室夜聊中诉说自己的想法。

---

① 徐院：指徐特立学院，全书同。
② 徐奖：指徐特立奖学金，全书同。

在学业方面，我认真地对待每一门功课，综测成绩一直保持在年级前列，前两学期在学院中连续获得两次一等奖学金，在大二学院分为四个专业方向后，得到两次二等奖学金和一次三等奖学金。在过去的三年中我还两次获得学院的"汇贤"奖学金，并在2016年5月"五四"评优中荣获了"优秀学生"称号。

大道至简，知易行难。当理想照进现实的时候，其实并非想象中那样顺利。每天按部就班地上课下课、复习考试，让我疲于应付，虽也拿到了奖学金，但总感觉这样的生活让我的梦想变得遥不可及。大一下学期，我们定好了自己的专业方向，辅导员在年级大会上给了我们一份各个实验室导师的联系方式，我从中找了一位老师发了一封邮件（我后来才知道那份表里很多都是院长级的人物）。幸运的是老师回复了我的邮件，通过邮件交流了数次之后，我通过面试，在暑假的时候成功与院长团队对接，通过多次与老师交流，我确定了自己本科阶段的学习计划。刚进实验室那会儿，主要的工作便是帮师兄在网上买物资，帮老师去科研所取文件，帮实验室打扫卫生等。大概是在实验室见习了半年，有一天，导师突然把我拉进了一个群聊，告诉我和师兄们需要写一份项目申请书，虽然依旧不是技术活，但离科研总算近了一步。查阅文献，和师兄一起讨论项目技术方案，在这个过程中，我学到了很多新的思路。当我最后看到满满当当30页Word文档的时候，还是很有成就感的，毕竟当时除了美赛和国赛之外还没有写过这种规模的文案。后来，在写过几次本子之后，在大二的寒假，导师问我有一个项目里有一个部分打不打算做。从此，真正开始了我在实验室里的科研之路。后来，我参与了国家自然科学基金面上项目1项——在轨服务航天器快速姿态同步的全局鲁棒滑模控制，开展了航天器充液燃料油箱液晃对姿态控制影响的研究，针对液晃问题振动的抑制实施全局张量积线性化的控制算法策略；参与了北京市自然科学基金面上项目1项——基于随机小扰动阻抗分析的风电机组并网稳定性及控制策略研究，针对强非线性不确定系统的状态估计问题开展研究，并基于事件驱动机制解决了分布式滤波的通信带宽问题；参与了中国东方红卫星股份有限公司科技项目1项——卫星系统设计验证和效能评估系统开发，完成了基于HLA协议架构的仿真平台及仿真管控软件的搭建，以及软件代码的编写与调试工作。在国家自然科学基金的支持下，针对航天科技项目中所提出的液晃对姿态控制的影响，我在李老师的悉心指导下，作为第一作者撰写了题为"Tensor Product Model-Based Control for Spacecraft with Fuel Slosh Dynamics"的论文，通过张量积模型变换的全局线性化实现执行机构操纵率的有效分配，从而抑制液晃引起的振荡问题。该论文现已为SCI刊源录用。此外，秉持北理工"学以明理"的精神，我始终坚持学以致用，并思考着科研过程中存在或被遗漏的问题。在调车的过程中，由于我们组选择的组别是直立双轮车，需要对车身的角度姿态有一个很好的控制，但是由于加托板直接读出的角度噪声过大，需要对数据进行滤波。我们曾经尝试了许多经典的滤波设计，但结果都不尽如人意，于是开始思考其他可行的优化滤波算法。后来在与师兄师姐的讨论和导师的指导下开展了基于张量积模型变换以及事件驱动机制的非线性滤波算法的研究，参与完成了论文Nonlinear H2 Filtering based on Tensor Product Model Transformation for Nonlinear Discrete System（第二作者）和Dynamic State Estimation Using Event-trigger Heterogeneous Nonlinear Filter for WAMS（第三作者），现均已为EI源录用，并有1篇IEEE论文Transactions on Circuits and Systems: Express Brief二审中；此外在该方向上申请发明专利1项（第四发明人）。

  不仅是实验室生活，我也时刻关注并踊跃参加基础学科竞赛，并取得了不错的成绩。2016年、2017年，连续两次获得"高教社杯"全国数学建模比赛北京市一等奖和二等奖；2017年1月，获得美国数学建模比赛Honorable Mention奖项证书。除此之外，还参加了学校组织的数学分析邀请赛并获得三等奖。此外，我结合所学专业开始接触科技竞赛。2017年暑假，同时参加了全国大学生电子设计比赛和中国指挥控制学会举办的全国兵棋推演比赛，分获成功参赛奖、北京赛区个人赛一等奖、全国编队赛一等奖。我还与自动化的同学组队参加了学校的飞思卡尔智能车队，经过一个学期的选拔，获得校内赛直立组一等奖。这些荣誉是我创新和竞争意识的体现，也见证了我在中教、7号楼挑灯夜战的奋斗岁月。不只是阶段性的竞赛，我还加入了北京理工大学Robot Master机器人队，并且在我校第十五届"世纪杯"学生课外学术科技作品比赛中，参与完成的项目"基于机器学习的高机动地面侦察机器人"作品，并闯入决赛。比赛的荣誉固然令人开心，但参赛过程需要付出超与他人的努力和毅力。2018年的5月，迎接我的是三场比赛、三场考试和一场徐奖答辩，学业的压力，竞赛的截止日都曾令我感到棘手。为了同时保证学业和竞赛，那段时间的我经常是白天复习，晚上准备比赛。印象最深的是那次机械设计大赛，比赛当天的下午还有一场考试。比赛和考试的压力有时会让人喘不过气来。直到比赛传来捷报，考试、答辩也顺利通过，心中才会如释重负般地感到久违的踏实。

在进入大四学习之后，我与实验室的联系愈发紧密，对科研生活也愈来愈熟悉。大四上学期，课题组为准备2018年的国际微小型无人飞行器赛刻苦攻关。面对无人机在复杂条件下视觉建图与悬停的难题，我们迟迟没有找到高效稳定的办法。尽管满满的小学期和之后的选修课使我不经常在实验室，但是我依旧可以在微信的备赛群里看到师兄们每天早起讨论技术方案，深夜总结进度并提出下一步的规划，而"飞机坏了""好的，我马上去修"，亦成了群里的高频词汇，师兄们的那份永不言弃的精神激励着我。最终，在大家的努力下，我们最后在墨尔本的比赛中获得了Autonomy Prize的殊荣。

如果大学只是埋头书海，那它将会失去真正的意义。不管是走出学校，还是服务同学，都会为大学生活增添乐趣。我曾在2016年暑假期间与队友一起完成了"大学生创新创业现状调查"，并获得学院优秀实践团队三等奖。在班级事务方面，我牢记责任至上，尽力做好自己的本职工作。在大学三年期间，我一直担任班级学习委员，在班级坚持开展期末串讲活动，营造班级良好的学风，建立并维护爱学乐学的氛围。在宿舍团结方面，我们宿舍被评为北京理工大学优秀学生宿舍。

在徐特立学院十周年之际，我作为曾经的一名徐院学子，非常感谢学院给予我提前进入实验室向导师和师兄师姐学习的机会，这给我研究生的科研生活打下了基础。在未来的日子里，我将仰望星空、脚踏实地，坚定自己内心的梦想，砥砺前行，全身心地投入科研事业中，为了祖国更强大而不懈奋斗！

与伟人同行
——读书、赏月、攀山、迎雪

作者简介　黄腾，徐特立学院2014级本科生，自动化学院智能信息处理与控制研究所2018级博士研究生，师从"优青"戴荔教授，研究方向为数据驱动预测控制、移动机器人控制等。已发表顶级期刊论文2篇，获国际会议最佳论文奖1篇，申请发明专利5项。作为科研骨干，参与国家级重大科研项目3项。获得省部级以上科创竞赛奖励7项，先后获得"北京市优秀学生干部""北京市优秀毕业生""北京理工大学青春榜样"等荣誉称号。

在2022年的末尾，我收到了约稿请求，得知明年，也就是2023年，徐特立学院即将迎来建院十周年。一时间，我竟有些恍惚，仿佛曾经懵懂的自己，步入北理工这所校园，加入以老院长徐特立先生名字命名的荣誉学院还是昨日。弹指一挥间，我即将博士毕业。扳着手指头，细数往日的时光，我很庆幸自己当初的选择，因为在北理工求学的这些日子里，在我最美好的年华中，我始终与一位伟人——徐特立先生，同向同行。

其实最初，我并不了解徐特立先生的生平，只知道他是毛主席的老师。选择徐特立学院也并不是出于一个高尚的理由，而是因为徐特立学院的学生可以直博，学院有更多的保研名额。但是在一次次的主题教育活动中，在一次次的社会实践中，我了解到了诸多徐特立先生的生平事迹，体悟到了徐特立先生事迹背后所蕴含的爱国精神，渐渐从一名看客转变为一名受教育者，进而成长为一位讲述者。徐特立先生对我而言再也不是一位毫无关联的历史人物，而是一位真真切切的良师益友，时刻给予我奋发向上的精神力量。

一、读一本好书

"1897年，徐特立先生制订了'十年破产读书计划'，即将每年教书所得的20串钱作为家里的生活开支，而祖母留下的几亩薄田逐年变卖，专门用来买书，期以十年。"

在我的人生当中，经常听到的一句话就是"读书改变命运"。我时常不以为意，毕竟自幼儿园起，各式各样的书籍便充斥着我的生活。直至我上大学后，第一次支教，我才明白书籍对于人生塑造的意义。那是大二下的暑假，我和几位学弟学妹一同组建了徐特立学院"心漾微光"支教队，赴河南省平顶山市郏县山头赵小学支教。该小学位于郏县茨芭镇小蛇山深处，学校教学条件十分艰苦，一共有6个教学班，但只有2位老师。100多名小学生，其中90%的学生都是留守儿童。学生们每天早上6点就会在学校大门外等候，晚上9点才会离开校园。在那里，我们受到了热烈的欢迎，同时也受到了极大的震撼：一是为孩子们对学习、学校生活的热情和向往；二是为那里生活环境的艰苦和书籍的匮乏。在支教完成后，我们返回校园，走访了学校周边的6个社区，组织开展了11场爱心募捐活动。经过两个月的努力，募集书籍3 000余册，帮助包括山头赵小学在内的四所学校建立"徐特立"图书室，捐赠包括无人机、智能车、机械臂在内的12项科技创新作品。其实大二，刚刚接触专业课，是我和同学们课业压力最大的时候，但那也是我浑身充满能量、最为充实的时光。当我们把打包好的书籍邮寄出去的那一刻，我突然明白徐特立先生为什么当初要制订"十年破产读书计划"，为什么要竭尽全力地去读书，因为每一本书不仅仅承载着知识，还能带来希望，就像是一颗种子，扎根心间，终有一日，汲取够养分，便破土而出，枝繁叶茂，可任栋梁。

很荣幸，我在同徐特立先生同样的年纪，明白了读书的意义。

二、赏一轮明月

"徐特立先生42岁时,作为年纪最大的留学生,远赴法国勤工俭学。在法国留学期间,徐特立开始接触和学习马克思主义,并从共产党人身上看到中国的前途和希望。"

刚上大学的时候,《南渡北归》一书最是流行,学院给每位同学都赠送了一套。当我看到胡适在1947年任北大校长时在开学典礼上鼓励大家看看外面的世界的时候,我还不是很理解。后来,我有幸受到学院的资助,前往美国洛杉矶进行社会实践,体味了不同的文化氛围,浏览各具特色的建筑,品尝丰富多彩的美食,体验宽松自由的学习生活,我的的确确受到了前所未有的冲击。100年前,在徐特立先生留学的那个时期,他是否也受到了不同文化产生的冲击?

在赴美社会实践的过程中,我和学弟赵梓晨寄宿在Fremont小镇的一个美国家庭,恰逢"超级碗"决赛,寄宿家庭举办了盛大的party,邀请了很多当地的美国人参加,其中有两位祖籍台湾的华裔。当讨论到中国有没有看橄榄球的习惯时,他们竟然说他们不是中国人,梓晨便和他们理论起来。寄宿家庭的"美爸美妈"便劝梓晨不要和他们发生争执,但是梓晨坚持要和他们理论,他说他是一名党员,遇到这样的事情一定会据理力争。我要像梓晨一样,能在关键时刻,挺身而出,据理力争,不为争辩一个结果,只为心中的那份信仰。

徐特立先生并没有因为中外所展现的巨大差距而丧失信心,而是坚持洋为中用,开始接触共产主义,积极探索救国图强之路。我本人也同样的,在冲击中没有迷失自我,反而坚定了入党的决心。

很荣幸,我也在同徐特立先生一样经历留学生活时,怀着对共产主义的赤诚,赏西方明月,定报国之心。

三、攀一座高山

"徐特立先生坚持'熟读、熟写、熟背'的学习方法,只用七个月的时间,就掌握了常用的法语,一年后考入巴黎大学。先生还曾在1910年和1928年分别赴日本、莫斯科进行学习,他学通俄语后,系统研究了马列主义,并同吴玉章、瞿秋白共同研究了汉语拉丁化拼音。"

在学院导师制培养下,大三下半学期,我便选择了导师,算是同届学生较早的一批,但是我的科研之路并不是一帆风顺的。在选择导师后不久,导师便赴英国牛津进修,当时线上会议软件并没有现在这么发达,于是,我便开始了自由探索,之后自己确定了毕设题目。后因实验室条件所限,并不能顺利完成毕设选题,在毕设中期答辩之前又更换了选题,又由于自身承担较多的学生工作,导致毕设成绩并不理想。大四毕业的暑假,在学院资助下,我选择赴德国柏林工业大学进行课程学习,没有像同期的学生那样提前进入实验室,结果在研究生开学后的课题组新生第一次会议上,我受到了批评。当时我的导师还没有回国,心中的苦闷也没有人可以诉说,在实验室总觉得芒刺在背、如坐针毡。而同期一位与我做相似方向的学生,博一便发表了顶级期刊论文。整个博一生涯,我都生活在阴影之中。所幸的是,作为导师的第一个博士,她在回国后,与我充分交流,将"数据驱动预测控制"这一高难度的课题确定为我的研究方向,手把手地指导我如何阅读文献、归纳总结、撰写论文、组会汇报、申报课题,我才找到了主心骨,科研之路也才步入正轨。导师从来不会批评我,而是会站在我的角度,去思考我可能会遇到的问题,如一轮明月,并不炽热,却始终明亮、澄澈,照亮我的心间。在导师的帮助下,我逐渐敞开心扉,从阴影中走出来,不断发现问题,攻坚克难,越过一道又一道槛。

从本科生到一名成熟的博士生,需要翻过很多座高山,每次翻越的过程都很痛苦,要同过去懒惰、软弱的自己决裂,需要不断历练自己的各项本领,也要承受住来自各方的鞭策与考验。坚持住了,这些痛苦的过程便会成为成长的养料,帮助你成为更好的自己。坚持不住,便会成为压死骆驼的最后一根稻草,从此生命中再无万水千山。徐特立先生当年的求学研究之路又岂是坦途?

很荣幸,我能同徐特立先生一样在求知的路上遇到困难不退缩,以无比的坚毅，攀登知识高山，超越自我极限，学精学深。

四、迎一场风雪

"1927年4月，国民党右派公开叛变革命，共产党人和革命群众遭到疯狂屠杀。面对血雨腥风的白色恐怖，徐特立拒绝了反动派对他的拉拢、利诱，毅然决然地抛弃一切，冒着杀头的危险加入了中国共产党，成为一名坚强的共产主义战士。"

2020年，突如其来的疫情如一场漫天的风雪，席卷而来，由于担任科研任务，我选择留守校园。在上级党委的组织下，我作为党支部书记组织支部留校党员，成立留校生临时党支部，为周围师生开展志愿服务。为了保证在学校隔离点隔离的同学每天吃上热腾腾的饭菜，我们将"小黄车"作为交通工具，采取"无接触外卖"的形式，七分钟内把热腾腾的饭菜送到隔离点，根据同学们的不同需求，采买生活物资，为同学们在自行隔离期间的饮食和生活提供了保障。疫情期间"停课不停学"，面对居家的同学们缺少学习资料、学习用品的困难，我克服疫情防控期间快递公司不接单、运输慢等难题，耐心细致地从实验室、宿舍里仔细查找，帮同学点对点地寄送单片机、电脑、身份证、录取通知书、成绩单等物品80余件。作为党支部书记，我以徐特立先生入党故事为核心，以"学徐老爱国精神，做时代合格党员"为题，录制青年战"疫"微党课，号召学生党员充分发挥个人力量，切实承担社会责任。临时党支部的党员们也主动与在校学生进行交流沟通，为大家运送防疫物资，组织劳动节活动，开展端午节慰问，帮助毕业生行李打包等，累计志愿服务时长240小时。在留校的8个月期间，虽然我每天做的事情都很琐碎，但我每天都很快乐。也正是这些小事，让我忙碌起来，支撑我度过这段人生最为特殊的时光。

我很感谢这段时光，因为我收获了太多的温暖，同时它也教会了我如何感恩、如何团结、如何担当，如何尽己所能去回馈社会，从而担负起支部书记这个身份背后所蕴含的责任。相较徐特立先生的白色恐怖，我所遭遇之变故不值一提，但其于我人生而言，意义非凡。

很荣幸，我在遭遇变故时，能同徐特立先生一样，以必胜的信念，面对突然之变故，迎艰难，战险阻。

我依稀记得，在高三成人典礼上，主持人问我未来想成为什么样的人，我回答"成为一位圣人"时，台上台下老师同学们哄然大笑的场景，他们觉得我是痴人说梦，是读书读傻了的呆子。但我时刻铭记着，自己第一次读到"为天地立心，为生民立命，为往圣继绝学，为万世开太平"时，那止不住的泪水，以及心底最深处的震撼与感动。我最后悔的事情就是没有在当时高呼一声"大丈夫生于斯，立于世，当如此"。可能我终其一生不能实现我的梦想，可能我的梦想仅仅是一个梦，可能我会在这世事浮沉中泯灭了真情至信，可能我跌宕一生也抵不过徐特立先生生平的一个注脚；但我很庆幸，因为我切切实实地活过，曾非常真切地感受到自己在为实现梦想而努力，曾与伟人在同样的年纪，拥有同样的赤诚、坚毅、无畏，曾与这个属于我们的时代，同呼吸、共命运。

我的故事接近尾声，属于徐特立学院的故事还有待一代又一代特立学子书写。衷心祝愿，徐特立学院人才辈出，徐特立精神历久弥新；也衷心祝愿，每一位特立学子，不仅仅为了衣食住行而终日奔波，而是人人追逐梦想，人人君子如龙！

十年桃李天下，学院正值芳华
——我的北理故事

> **作者简介** 黄晓伟，徐特立学院2013级电子信息工程方向本科生，集成电路与电子学院射频技术与软件研究所2017级博士研究生，师从国家级人才盛新庆讲席教授，2022年取得电子科学与技术专业工学博士学位，同年加入北京理工大学"特立博士后"队伍，研究方向为先进电磁计算方法、等离子体电磁建模等。已发表高水平论文23篇，其中顶级期刊9篇，以第一/通信作者发表期刊论文13篇，累计影响因子43.1，获国际会议最佳论文奖2篇；参与编写专著1部；申请发明专利2项。作为科研骨干参与国家级重大科研项目3项，主持中国博士后科学基金项目2项，研究成果应用于国产高性能并行电磁仿真软件"中算"研制，服务于多个GF某型研制。先后获评国家奖学金、中国电子学会集成电路特等奖学金、北京市优秀毕业生，"致信精英"年度人物等。

一、忆往昔，流年似水

接到学院的约稿，我是感到激动和忐忑的。建院十年，徐特立学院走出了许许多多优秀学子，分布在祖国的大江南北和海外各地，能够被选为代表来讲述我的北理故事，分享我与徐特立学院的邂逅，描述我过去十年在北理的点滴，是十分荣幸的，同时也倍感压力，因为每个同学的经历肯定都很精彩。

那就从10年前说起吧。2013年8月23日，太阳褪去了夏天的火热，我第一次来到这座时刻充满奇迹的城市,来到了我接下来十年与之朝夕相处的学校——北京理工大学。刚入大学,总是对一切充满好奇、充满期待,想着怎么去把大学生活过得精彩一些,想着怎么做自己喜欢的事,想着怎么实现自己的理想。这时候的自己,犹如初生牛犊,对一切充满信心。我一度简单地认为大学生活是自由的,然而,在军训的操场褪去了高中青涩后,开始了正常的上课—食堂—图书馆—宿舍"四点一线"的生活,我发现所谓的自由和放松真的是很单纯天真的想法。我也一度认为大学生活是高中生活的延续,然而,和高中相比,还是有很大不同。在大学,并没有人催促你干什么,也没有人给你施加任何压力,一切的一切,都需要自己处理。在大学,面对的不再只是学习,还有一系列学习以外的事情需要做。除了学习,我还需要知道怎么管理自己的时间,怎么与来自天南地北的同学老师相处,怎么照料自己的身体,怎么学会生活。

刚入大学最大的压力还是学业的压力。学院请来了学校最优秀的老师给我们上课,当然,课程也十分具有挑战性。犹记得带领我们走入自然科学殿堂的数学分析老师方丽萍。第一次期中考试,全班只有二三十的平均分,目瞪口呆,给我的震撼无以言表。那段时间,班里流传两句话:"这也能证明?!""这也要证明?!"即使如此,我们还是坚持了下来。我想和师弟师妹们分享的是,基础数理课程真的很重要,很有用,即使过程真的很痛苦,但这是个必然的过程,历届的师兄师姐都是这么过来的,坚持着熬下去,你会发现有那么一瞬间,自己会产生无所畏惧的勇气和自信。

经过大一的适应,大二的生活显得游刃有余。比起大一,虽然忙碌了许多,但是收获也是最多的。这期间,仍然有许多繁重的基础课需要学习,而这些基础课,对于后面知识的掌握无疑具有高屋建瓴的作用。有了大一的基础和心理磨炼,这时候面对繁重的课程得心应手不少,没有大一那么多的茫然和不知所措。如果说大一是试图融入大学、适应生活,那么大二就应当考虑如何充分利用学院和学校的优质资源提升自我。这个阶段,可以多参加一些活动,多参加一些比赛,多认识一些人,也可以多出去走一走、看一看,扩大自己的视野。

大三是转折中的一年。这一年，来到充满着机会与变化的中关村校区，除去适应的时间，剩下的日子里，我制定了自己的"小目标"，那就尽快进实验室发论文。然而并不是所有的想法都能如愿。进实验室的过程，一波三折。找好实验室后，却发现，所有的一切都和上课不同。做研究跟项目，对我而言是一个完全陌生的领域。想看论文，却发现越看不懂的东西越多，仿佛深不见底。想做项目，却发现步履维艰、一头雾水。再加上学业十分紧张，一时停在原地，毫无进展。我一个人在图书馆闲逛，随手拿起桌子上一本书，乃是《孟子》，看到一句话："生，我所欲也，义，亦我所欲也，二者不可得兼，舍生而取义者也。"看到这句话，我似乎于黑暗之中看到星星之火，似乎在茫茫大海望见指路明灯。是的，上课很重要，科研也很重要，然而时间与精力是有限的，如果想同时追求两个方面的极致，最终只能是广而不精、泛而不专。适当取舍，是我在大三摸索中得到的宝贵财富。

到了大四，面临着一个关键选择，是选择读硕士学位后工作，还是选择直接攻读博士学位，这是一个艰难的抉择。攻读硕士会有一个适应期，如果自己适合科研，再想读博还有机会，而直接读博则效率会高一些，但是读博面临毕业的压力，这是一笔值得谨慎的投资，因为它面临长达五六年的不确定性。很多时候，没有选择，会少很多的痛苦和遗憾，然而人生也会少很多精彩。在充分认识自己的基础上，学会如何做出选择，是本科四年一定要具备的能力。选择合适的老师，学到真本领，是一件很幸运的事情。而我们徐特立学院有着丰富的资源，有来自校领导、院领导、授课老师和高年级的师兄师姐的帮助，相信师弟师妹一定能够进入适合自己的课题组深造。

二、不忘初心，方得始终

人生是只有单程票的列车，一旦出发，就再也无法回去。旅程，常常被用来形容人生。出门旅行，最美妙的不是到达目的地，而是沿途的风景。人生亦然。怀着一颗纯洁无瑕的心，积极阳光地审视生活，才能发觉生活尽管不能时刻如人意，却处处充满惊喜。回望过去，可以发现自己一路走来的轨迹，现实而又清晰。古人云"衣带渐宽终不悔，为伊消得人憔悴"，坚守初衷，矢志不渝，才是青春的本色。

在众多良师益友的教导下，在学院坚实的数理基础熏陶和磨砺下，2017年本科毕业后，我被保送至本校集成电路与电子学院，师从盛新庆教授攻读博士学位，从此开启了长达5年的博士生涯。博士生，意味着身份的转变。我们不再是单纯的学生，而是肩上负有责任的青年科研工作者。博士生的第一年有少量课程。之所以是少量，因为徐特立学院学生在大四便可以选修一些研究生课程，这样可以减少研究生阶段的压力。课程之余，我开始在导师指导下，以问题为导向开展研究。

博士生的第一年，我针对多尺度隐身涂覆目标的电磁计算开展研究。刚迈入科研的大门，该课题的困难使得我一度陷入迷茫。程序经常出现各种问题，数值实验性能也总是不符合预期，研究陷入瓶颈。但是我没有被眼前的困难击倒，数学分析、数理方程那么难的课程都过来了，还有什么难关过不去呢？虽然烦躁和迷茫，但是始终怀有希望。经过一年多时间的文献检索、理论推导、方案设计、代码调试和性能测试，无数次凌晨四五点走在空无一人的路上依然不间断思考，我成功利用阻抗边界条件，结合区域分解法，从理论上完全分析清楚了方程的内在机理和物理内涵，为区域分解法从理论走向实用铺平了道路，实现了多尺度隐身涂覆目标的电磁散射特性快速评估，并在博士生第一年就完成了顶级期刊论文的撰写和发表。当看到仿真曲线和实测数据高度一致时，我感受到了数学和物理的力量，也第一次觉得自己的数学知识真的不够用。

第一项研究工作是在高年级师姐的协助下完成的。第二项研究工作，我开始了独立研究，研究方向为关于低复杂度直接法的研究，这项研究一直持续至今。这是一个热门且重要的方向。电磁计算的关键步骤之一是求解大规模的矩阵方程组，常用的迭代法对于雷达多角度入射效率较低，且对于进气道等复杂结构通常还会面临不收敛的问题。直接法可以克服迭代法面临的这些问题。然而，传统的直接法所需要的计算资源随着未知量个数以立方倍数快速增长，几乎很难实用。2018年年底，导师盛老师将这个课题交给了我。一本数百页的英文专著，上百篇的国内外文献，我全身心投入了该课题的研究。那段时期，经常和盛老师在办公室讨论问题，板书擦了又擦，往往一场交流下来，双手已经被马克笔染黑，我也愈发佩服导师的学识和见解。功夫不负有心人，在导师的指导下，经过长达两年的研究，抽丝剥茧，利用先进的随机化矩阵分解方法，我提出一种基于混合矩阵压缩的直接法，不仅为两类常用的快速直接法提供了一个统一的框架，而且计算能力达到目前国内外主流水平，使得团队成为少数具备百万未知数直接求解能力的课题组。相关研究成果发表在顶级期刊IEEE *Trans.Antennas Propag*上，研究成果将有望支撑我国隐身飞机进气道电磁散射特性的快速评估。

在学习之余，我积极参与学生工作和社会实践。2018年，参与北京理工大学赴贵州遵义红色实践团，我负责宣传和策划工作。我所在实践团被共青团北京市委评为"2018年度首都大中专学生暑期社会实践优秀团队"。此外，我还担任博士微波班团支书，按时完成团组织任务，两次被评为"北京理工大学优秀团干部"。我还积极参与学院保研招生宣传，为师弟师妹介绍学院和实验室研究方向，也担任过课程"电磁理论、计算、应用"的助教。五年下来，走过不少城市，看过不少地方，结识了不少有趣的人。

三、陌上花开，心怀感恩

"一往情深深几许？深山夕照深秋雨。"当细水流年洗净一世浮华，剩下的就是人生的真章。对一个大学的感情，在临近毕业或者毕业后多年的人身上可以得到淋漓尽致的展现。尽管各种吐槽，毕业时却总忍不住在校园四处逛逛，多拍几张毕业照。是的，我要感谢北京理工大学，感谢培养我的徐特立学院，感谢这里的一草一木，感谢这里的每一位老师。十年前，我怀揣着求学的渴望，从遥远的南方来到首都北京，在徐特立学院开启了我人生中精彩的奋斗篇章。作为一名北理人，"德以明理，学以精工"是我不能忘怀的校训，也是母校对每一位北理人的寄语。是这里的每一位优秀的老师教给我扎实的专业知识和严谨的学习态度，在老师们孜孜不倦的教诲下，我认识到了科学殿堂的宏伟，领略到了严密逻辑的精妙，树立了实事求是的生活态度，锻炼了适应社会的能力。

此外,还要感谢我亲爱的同学们,尤其是陪伴我多年的舍友。大学的友谊不同于其他学生时代的友谊,它是通过朝夕相处培养出来的,不仅在学习中,也在生活中。朋友的坦然和理解,让我在一些无助的岁月里总能找到精神的慰藉。

十年弹指一挥间。在经过那么多的挫折和磨难之后,留给我们的是经过岁月洗礼的沧桑和那一份淡然处世的成熟。在布满诱惑的人生路上,诸多情怀在内心交融,成为我心中永远的回忆,让我对人生有一个更深入的了解和阐释,这也许就是过去十年带给我最大的收获吧。

新时代,新征程,再次祝福学院特立潮头,桃李满天下。

九年求学今日毕，踔厉奋发在明时

作者简介 李文吉，中共党员，徐特立学院2013级信息方向本科生，信息与电子学院雷达技术研究所2017级博士研究生，师从毛二可院士，研究方向为相推测速、ISAR成像与微动特征提取。曾获国家留学基金委博士联合培养资格，曾获第十三届全国信号和智能信息处理与应用学术会议优秀论文奖。曾多次获评北京理工大学"优秀研究生标兵"荣誉称号。曾荣获"北京市优秀毕业生"称号、北京理工大学优秀博士毕业论文奖。多次参加国际和国内学术会议，并做全英文口头汇报。以第一作者身份发表SCI论文5篇（3篇顶级期刊）、EI论文4篇、中文核心论文2篇，申请国家发明专利5项。

> 漫漫求学路，北漂近十载。
> 回首看往昔，峥嵘岁月稠。
> 酸甜苦辣咸，化作别时情。
> 徐院与雷所，领我科研路。
> 师长与同窗，伴我斩棘行。
> 常怀感激心，只觉很荣幸。

2022年6月，我博士毕业，于同年8月入职中国空间技术研究院通信与导航卫星总体部。自2013年8月来到北京求学，我在北京理工大学度过了四年的本科生涯和五年的博士生涯。不知不觉间，九年的求学之路结束了。回首往昔，在这里经历了人生中的酸甜苦辣，认识了志同道合的朋友，完成了人生中的认知觉醒与思维转变，这些点点滴滴，让我不能轻易对母校说出再见。

2013年8月，我们成为徐特立学院的首届学生，一边自我调侃着成为小白鼠，一边进行着我们在良乡的野外生存。良乡的生活是快乐的，印象中良乡的天空永远很蓝。风景美如画的良乡校区，徐特立图书馆、中食堂、军训、"百团大战"、数学建模、深秋歌会、北湖、静园D337宿舍……嗯，这里是梦开始的地方。而梦最开始的开始，就是数学分析课。

数学分析课是进入大学后的第一门课，是最重要的基础课，当然也是最难的一门课。非常幸运和感激能够在方丽萍老师的教授下学习这门课程。令我们印象最深刻的是方老师手写板书的教学方式。在这个电子化教学设备很普遍的年代，尤其是还有很多那种上课只会照着PPT念的老师，如果有幸遇到一位仍然用粉笔在黑板上写板书的老师，那真是遇到了难能可贵的好老师，一定要跟这位老师认真学习。而方老师就是这样的老师。方老师坚持在黑板上写板书，用粉笔为大家逐一讲解课程里面的各种概念、定义，详细推导其中的公式、定理。课堂上，四块黑板轮流使用，不知道被写了又擦擦了又写多少次。而我们跟在方老师后面，一边飞快地在本子上记下板书，一边绞尽脑汁地去理解和思考眼前的这些语言。方老师手写板书的功力很深厚，不仅板书条例清楚、美观好看，而且写得也很快。有次她还和我们开玩笑，说我们在本子上用笔写的速度还没有她在黑板上用粉笔写得快。当然，方老师的数学功底肯定是相当深厚的，我们上课用的教材就是她编写的。每当看到她拿着自己写的书站在讲台上给我们讲述这最深奥的语言时，我就对她充满了崇拜。

高等数学是现代科技的基石，而数学分析则是高等数学的基石。数学分析不仅对之后学习专业课和从事科研很重要，而且在大学的绩点排名中占据着重要的地位。因为，这是一门8学分的课！这门权重如此之高的课，有着"得'数分'者得天下"的称号。到底有多难呢？我记得，当时第一学期的期中考试，我们整个班就一个人及格，这还是在老师"放水"和各种操作之下的结果。这次期中考试后，大家都被笼罩在了对数学分析的恐惧与阴影之中，打起十二分的精神去迎战这个梦魇。在之后的考试中，我数学分析考得很不错，这门课的成绩还拿下了单科优异奖。依靠这门高权重的课程，我当仁不让地占据着成绩单的榜首。随后，奖学金和各种荣誉也就纷至沓来了。

大学的故事真的很多，写完一个又想起一个。就像被封印的游戏存档一样，只要重新连接上服务器，那昔日的欢声笑语、曾经的打怪升级都在脑海中奔腾翻涌。第一次参加社团面试时的紧张与欣喜、北湖谷堆旁边只有黑天鹅才知道的故事、足迹遍布全国各地的行万里路、良乡足球场上的后卫……曾经早上6点出去晚上10点回来就为了一天300元的实习，也曾宅在宿舍蹲在电脑前卧薪尝胆就为了上个"黄金"。曾经翘课去学车考驾照，然后晚上回到宿舍一边吃中食堂的炒米线，一边抄当天的作业；也曾为了去天安门现场看阅兵，连着3个晚上通宵，然后从二环一直步行到观礼点。

我的大学生活是没有遗憾的，这四年间我把所有能经历的全经历了，把所有能体验的全体验了！更重要的是，在2017年，我的人生中出现了最重要的改变。如果把我生命的长河以年为单位做个评比，2017年当排第一名，并且至今为止仍没有其他任何一个年份可以取代它。我所经历的事情以及我所感受到命运的眷顾，永久地改变了我的思维方式和认知习惯。

2017年9月，我进入北京理工大学雷达技术研究所攻读博士学位。我有幸成为雷达界泰斗级大师毛二可院士的学生，能够在毛老师的引领下步入科研的大门是我毕生的荣幸。

毛老师胸怀祖国、放眼世界，极大地拓宽了我的视野；毛老师渊博的知识、严谨的治学态度、执着的探索精神使我在科研道路上获益匪浅；毛老师达观谦虚、脚踏实地的人生态度更为我今后的工作和生活树立了榜样。毛老师如今已八十多岁高龄，但仍奋斗在科研一线。校园中最为人津津乐道的就是，毛老师骑着自行车每天在校园中穿梭。我至今仍记得，曾经实验室电梯停电，毛老师坚持爬11层楼的楼梯去实验室科研。正是这种不断探索、勇攀高峰的精神一直激励着我。

对于研究生而言，论文是身份的象征，但发表论文的过程是痛苦的。我的第一篇顶级期刊论文是研究高速目标相推测速技术。其中最主要的挑战就是处理高速目标对雷达回波的多普勒调制，建立高速目标的相推测速模型。

而要解决这个问题，需要扎实的信号处理功底和数学推导能力。得益于本科时打下的数学分析和信号与系统的基础，这些问题在我的不懈努力下最终迎刃而解，我也顺利摘到了科研路上的第一个硕果。

整个博士生涯中最令我自豪的一个成果就是成功将相推测速技术推广到了低信噪比场景。相推测速技术由毛老师最初提出并指明研究方向。在此基础上，我们实验室的师兄师姐建立了相推测速技术的基本框架。相推测速技术最大的缺点就是对信噪比要求较高，研究低信噪比下的相推测速技术能够极大地拓宽其适用场景。指导我博士研究的范师姐成功将信噪比约束条件由35dB降低至10dB，而如何将信噪比约束条件降低到10dB以下，就是我刚进入博士阶段她向我提出的问题。接力棒交到了我的手中，然而刚开始我也没有什么好的方法。无奈之下，我只能放下该问题去研究其他问题。随着对其他问题的研究，我对整个领域有了更深的理解，也学到了许多工具、手段。在某个偶然的瞬间，我突然灵光乍现，想到可以将相参积累中的变换用到低信噪比回波数据预处理中去，这样低信噪比对数据的影响就可以被有效抑制。在进一步的研究之后，我成功将信噪比约束条件由10dB降低至-6dB。最终，我完成了范师姐交给我的这项任务，相关研究成果发表在我的另一篇顶级期刊论文上。

科研有风险，读博不容易。我一直认为，博士是这个世界上最难的"职业"。如果一个人能博士毕业，那他将能应付这世界上所有的挑战，解决这世界上所有的困难。读过博士的肯定都深有体会，那种需要独自一人面对枯燥的公式符号、在黑暗中默默前行的感觉。这个世界上能和你讨论问题的只有你的导师，他可能也仅仅只是知道你在做什么，一路上的困难挫折都需要你去克服。同时还要面临着毕业的压力，有的人甚至还会面临着生活的压力。而能做的只有日复一日地看论文、做实验。可是，当他真正从黑暗中走出来之时，他已不再惧怕黑暗，并且拥有了黑暗赐予的能力。因此，请善待周围的博士。

2022年6月，查询盲审结果后，看到最后一个A的那一刹那，我趴在桌子上哭了好久，因为我知道，我可以毕业了！最终，我博士顺利毕业，并且荣获"北京市优秀毕业生"称号,博士毕业论文荣获优秀博士论文。我相信,这份答卷可以圆满地结束我的学生生涯了。

天下熙熙攘攘,如今这个时代大家都在忙碌着,每个人都有很多事情要去做。有些事情是为了生存填饱肚子,有些事情是由于形势所迫不得不做,还有些事情纯粹是消磨时间。如果,上述这些由于外界环境引起的事情都没有了,我会做什么呢?如果我不需要去为了填饱肚子而去做事情,也不是因为被迫而去做事情,如果我做什么事情都可以的话,我会做什么呢?这里放上我博士毕业论文致谢中的最后一段话,算是我对这个问题的回答:

人之一生,放之寰宇,犹如稊米之于太仓。值此百年未遇之大变局,且不论立心立命,倘能存片言以待来者,留长物以怡后人,则生而幸甚,死而无憾!

胸怀高远，脚踏实地

作者简介 李子睿，徐特立学院2015级本科生，机械与车辆学院智能车辆研究所2019级博士研究生，师从龚建伟教授，主要研究方向为驾驶行为分析与建模，迁移学习。曾获博士研究生国家奖学金、北京理工大学"世纪杯"特等奖、工信部创新一等奖，两次作为参赛成员获得中国大学生无人方程式大赛冠军。获批CSC国家留学基金委联合培养资助（24个月）。累计发表SCI/EI学术论文40余篇，其中以第一作者在IEEET-ITS、IEEET-IE、IEEET-VT、IEEET-MECH等SCI期刊发表论文多篇；出版专著一部。

四年前，我从内蒙古大草原来到首都北京，走进北京理工大学徐特立英才班。如果说，曾经高中时代的选择略显青涩、懵懂，那么北京理工大学四年的学习历练却让我有了今后一生明晰的奋斗目标。我在努力执着中开启了自己"竞赛+赛车+科研"的学习模式，并收获点滴进步与荣誉。可能还是缘于从小就喜欢和汽车相关的一切事物，在第一学年后的专业分流中我选择了车辆工程方向，师从龚建伟教授开展自动驾驶领域的研究，并在执着中悄然走过大学本科的时光。

记得大学二年级的时候，一次偶然的机会，我接触到了北京理工大学无人驾驶方程式车队（BITFSD），心中对于赛车的梦想瞬间又一次被点燃。在那之后的两年中，我几乎将全部的业余时间都投入了车队，那时候，大家打趣说："车队是子睿魂牵梦绕的地方！"功夫不负有心人！2017年，在首届中国大学生无人方程式大赛中，我们以总成绩第一名斩获冠军，并夺得直线加速赛、八字环绕赛、高速寻迹赛、设计答辩赛的第一名。2018年，成功卫冕全国大学生无人方程式大赛两连冠，而我，也作为第一完成人获得了北京理工大学"世纪杯"特等奖。犹记得，在无人车队工作室的记事白板上，记录着我们每一次试车中发现和未解决的新问题。白板上内容的更迭见证着队伍中每一个人的努力，解决并擦掉问题成为我们团队的目标和执念。11月月末举办的大学生无人方程式大赛象征着一个赛季的收官，机械检、电检、电池箱检、无人系统检、赛车设计答辩、无人系统设计答辩、有人/无人制动测试、四项比赛，稍有耽误，就有可能与冠军失之交臂。我清晰地记得我们是在规定时间内裁判允许的最后一次发车时通过了测试，正式踏上赛场，并最终卫冕成功。

在学科竞赛方面，先后获得2017年美国数学建模大赛二等奖，2017年北京理工大学数学建模大赛全校总分第一名（1/270），2017年度全国数学建模大赛北京市一等奖，2018年度"恩智浦杯"智能汽车竞赛华北区二等奖。

在徐特立学院"明精计划"培养拔尖创新人才目标指导下，依托本硕博一体化贯通培养模式，我选择了车辆工程方向，师从智能车研究所龚建伟教授开展自动驾驶领域的研究。徐特立学院拔尖创新人才培养体系，不仅鼓励学生加入像无人车队这样的竞赛队，也在政策和经费上支持学生进入未来博士生导师的实验室，在扎实数理基础的同时尽早地接触学术前沿与科学研究。这是我们得天独厚的优势，也是我们进步成长的基石。

经过几年的学习和研究，我不再是原来对学术一无所知的"科研小白"，而是对自动驾驶前沿相关领域有着较深认识的研究者。我将从无人车队学习到的工程经验与从实验室中学习到的理论知识融合，在学术研究取得了一些成果。在科学研究方面，从2017年年初至今，参与了国家自然科学基金项目一项——基于驾驶行为学习的决策规划与运动控制技术，国家青年自然科学基金一项——智能车辆类人驾驶行为知识迁移原理与在线学习建模方法研究，同时作为主要成员参与上汽产学研项目一项——人类驾驶员城区环境下道路交叉口行驶的决策规划模型研究与应用；以第一作者发表SCI Top期刊5篇、国际会议论文十余篇、国内会议论文4篇，并出版专著一部。在2018

年6月举办的国际智能车领域著名会议IEEE IV 2018中,我以口头报告的形式向来自加州大学伯克利分校、剑桥大学等知名高校的学者展示了我的研究成果,获得学者们的好评与认可,并受邀在2019年6月于法国巴黎举办的智能车领域著名会议IEEE IV 2019作报告。在博士一年级成功申请到了代尔夫特理工大学为期两年的联合培养资助,并于2021年6月前往荷兰代尔夫特开启我的访学生活。在国外访学期间,我先后参加IEEE IV国际智能车大会和MFTS 2022等顶级国际会议,在与会期间向同行展示我的研究成果。此外,我还在IEEE ITSC 2021国际智能交通大会中以组织者的身份成功举办了研讨会,邀请多位行业顶级学者开展学术交流活动。

经常有人会问我,如何能在本科阶段做出有创新性的学术成果和科技作品?

在我看来,首要的一点是要有一定的实践经验,尤其是自动驾驶这样相对偏重应用的学科,工程经验显得尤为重要。还要去思考如何将工程问题上升到理论高度,从更高的层次给出工程问题的解决方案。其次,对于理论研究要沉得住气。应该更多地去思考问题的核心与本质,尝试着对于关键问题给出解决方案。不能担心失败和错误,只有更多地探索失败的方案,才能对真正正确的方法有更好的认识和理解。我以为,我所经历的,折射出的是北京理工大学严谨创新的学风,以及我所在团队笃学奋进的品格。

对于刚刚来到徐特立学院的新鲜面孔们,我想说,我也曾和你们一样,经历过选择的迷茫,经历过未来的思考,更经历过考试的折磨与竞赛的压力。衷心希望学弟学妹们充分利用学院提供的科研竞赛平台,积极主动获取信息,不虚度精彩的北理工时光,将兴趣与爱好融入实践,在热爱中发挥潜能。

追 光

> **作者简介** 刘澳昕，徐特立英才班2018级弹药工程与爆炸技术本科生，机电学院2022级博士研究生，师从机电学院王海福教授，研究方向为活性毁伤弹药战斗部技术。曾以第二作者身份发表SCI期刊论文1篇，以第一作者身份发表EI期刊会议论文1篇。本科期间曾任徐特立学院第一党支部书记，现任无人飞航第二党支部书记。

2018—2022年，四年时间倏忽而过。一位懵懂的少年经过了四年的艰苦跋涉，蓦然回首，发现竟已走过了这么遥远的路途。一路走来，成绩尚算不错，科研渐渐入门，体育锻炼也没落下，认识了一些很善良很美好的朋友，经历了一些许多人一生没有机会经历的事，成了自己曾经想要成为的那个人。这一路艰苦曲折，有过迷茫，有过犹疑，有过深夜里的无声哽咽；这一路精彩绝伦，是一往无前，是坚定不移，是广阔天地中的纵情舞蹈；这一路承载了少年太多太多的梦与渴望，这一路描绘了少年纵情追寻心中的光。

一、兵为民之卫

一直以来，我有一个梦想：我想成为一名军人，去祖国最偏远的地方戍守，在星海漫漫中守卫万家灯火。但是，梦想与现实之间总是存在一条难以逾越的鸿沟，视力上的问题直接将我的梦想禁锢。

"既然去不了前线，那就去搞武器装备的科研。他们守卫后方，我来守护他们！"抱着这样的想法，我毅然决然地投身兵器专业，选择了弹药工程与爆炸技术方向。这个专业并不像那些尖端的专业一样走在时代的最前沿，我们更多的是利用现有的技术不断组合与创新去实现更高的技术指标。虽然可能听起来有点乏味，但是我们所走的每一步都是在解决战场上的实际问题。我在纸上推导的每一个公式、在电脑上计算的每一个仿真、在试验场上进行的每一次实验，都可能在未来的战场上决定一场战斗的胜负，都可能减少我军战士的伤亡。于是，所有的工作便有了意义，它植根于人民，支撑军队，守卫国家！一路走来，这样的信念带我闯过了无数的困难，因为我的身后是战士、是人民，而我是横亘于他们与死亡之间的重要屏障！

二、学如不及，犹恐失之

从很早之前我就知道自己不是一个聪明的人，这一点自我进入大学以来暴露得尤为明显。高数作业我需要比别人花更长的时间，在和同学们的一些日常逻辑性问题讨论上也常常落于下风，甚至于和朋友们一起打游戏也会因为没办法很快抓住游戏的内核而拖累队伍。但很巧的是，我是一个很执着的人，遇到问题全身心投入解决弥补了我并不出众的资质。不够聪明的脑袋和执着的性格造就了我对于问题刨根究底的良好习惯。一个问题想不明白，哪怕不睡觉不吃饭我也要把它搞清楚，生怕这个问题成为自己之后前进道路上的障碍。

在这样的习惯加持之下，我开始了自己四年如一日的学习生活。徐特立图书馆二层的艺术与设计空间是我在静园居住时最喜欢的自习场所。大落地窗外面可以看见碧绿的大树、高高喷涌的喷泉和静静矗立的教学楼，天气特别好的时候还能够看见一点点北湖的反光。每天早上7：30，我踏进这一方天地，沉浸于知识的海洋。看书看得眼睛累了就看看外面的风景，或者去外面的小沙发上小憩一会，丝毫不会觉得枯燥或无聊。晚上10：20，图书馆保安大叔开始拿着手电喊我们离开。一群在这里学习了一天的同学们背上沉甸甸的书包，边走边互相讨论着还没能解决的问题。在这里，我经历了高等数学、高等代数、理论力学等本科阶段最重要也是最难的基础课程的学习。正是两个四季轮回中的不懈坚持，我为之后的学习打下了坚实的数理基础。

至善园A104是特立书院的自习室。自从大三搬到博雅园之后，这里就成了我最喜欢自习的地方。与图书馆相比，这里没有一望无边的好景色，但是这里有单人单间的小隔间。锁上大门，戴上耳机，我就完全进入了属于自己的世界。在这方世界里，我与Lax-Wendroff讨论数值计算方法，与徐芝纶讨论虚位移的应用，与王树山交流武器弹药的发展历史沿革。完全自我的环境让我在这里形成了属于自己的知识框架，让我对于自身专业课程的学习有了自己的理解。这些沉溺的时间造就了我后来优秀的专业课成绩，也为我的科研工作提供了有力的支撑。

再后来，我们搬到了中关村校区。三号教学楼112成了我长久盘踞的场所。实验室的工位并不像自习室和图书馆那样清净，这里总会有老师或者师兄师姐们布置的任务。但也正是这样的环境培养了我利用碎片化时间的能力。在很短的时间内，我可以迅速进入学习状态，并且高效地学习知识。而当我被分配到紧急任务的时候，我又能够很快投入另一个项目中实打实地解决问题。学与用的紧密结合为我的科研生涯开辟了前行的道路。

三个地点、四年生涯，我始终在追随着知识的脚步。从最开始的学院三等奖到二等奖，再到最后的一等奖，乃至国家奖学金，我从未停止过追逐，而知识也不断告诉：我从未被辜负。

三、天工人巧日争新

我的科研生活开始于大三上学期。借着完成小学期作业的机会，我进入了王海福老师的课题组，在孙韬师兄的指导下完成了我第一篇真正意义上的科研报告。实话实说，在这个过程中，我并没有感受到科研的快乐和意义，甚至觉得自己所做的东西是完全没有价值的，并且还要花费大量的时间和精力。但当我最终写出科研报告的时候，一种难以言喻的情感从内心迸发出来。看着那二十多页的报告，我觉得我在看着自己的"孩子"。这薄薄的报告凝聚了我长久以来的智慧和心血，它是我思考与付出的证明。

自此之后，我对于科研便产生了一定的兴趣，并希望能够将自己的思考以某种更加具体的形式呈现出来。于是，我和师兄一起开始了新的科研工作。这一次的目标是要将某种材料的力学性能描述出来，而我的工作是对已有的实验数据进行处理，分析出材料的力学性能参数，并且通过理论解释力学性能呈现出这种状态的原因。为了描述材料在整个受力过程中的状态变化情况，我需要首先对材料的受力过程进行数值模拟，然后在保证数值模拟有效可靠的基础上，通过模拟数据解决实验的离散性问题。

当时的我并没有熟练掌握常用专业软件的使用方法，数值模拟便成为我科研工作的第一道难关。仿真报错、单元负体积、材料出现超过声速极限的情况，这些错误信息总是出现在我的电脑屏幕上，也总是出现在我的脑海中。为了解决这些问题，我查阅了大量的资料，自学了不少的教材，也向组里的师兄师姐们不断请教，终于在跑满了2T的移动硬盘后跨过了数值仿真这道坎。

摆在我面前的第二道难关是我不知道如何合理地给出假设。假设过多，模型过于简单，没有办法反映材料的实际情况；而假设过少，则会导致模型过于复杂，使得整个问题陷入不可知的境地。在一次次的尝试和碰壁后，我终于找到了假设的平衡点，给出了符合要求的解释。

在我完成工作后不久，我和师兄合作的论文也发表了。我感受到了前所未有的满足感。这种满足感来源于自己创造出了别人尚未得出的东西，是一种天下英雄皆为下品的精神高度愉悦。

在这之后，我又参与了实验室众多的科研项目。到现在，我以第一作者身份发表EI会议论文1篇，以第二作者身份发表SCI论文1篇、EI期刊论文1篇。目前，一篇关于活性破片侵彻行为的论文正在撰写过程中。

科研创新的过程是艰辛的，甚至是痛苦的，因为你需要独自面对无数的错误和长久无法得到满意结果的挫败。但是好在我于黑暗之中从未放弃过希望，每一次的失败都让我的下一步迈得更加坚实。一步一步地坚定行走，最终必定能见到灿烂的阳光。

四、于是奔跑

体育运动是我生活中相当重要的一环。对我来说，体育运动有着别样的意义，是体育运动帮助我明白了自己究竟该成为什么样的人。

对我来说，每一项体育运动都是一扇接触世界的门。篮球的门里是团队合作，是球场上5个人之间的精妙配合，是激烈的身体对抗，是比赛结束之后的互相致意，是胜利的欢呼和失败的泪水；长跑的门里是脚踏实地的踏实，是日复一日的百炼成钢，是独自前行的孤独，是感受痛苦并全身心地接受，是聆听自己身体的语言，是长时间的自省，是每一次想要停下时自我意志的对抗，是达成目标时的喜极而泣，是接受自己的平凡，是耳边的风声，是天边不同时刻的美景，是身边不时擦身而过的行人；飞盘的门里是毫不掩饰的欢呼，是百分之百的信任，是全速冲刺的自由，是在众人注视之下个人英雄主义的展现，是对失误勇于修正与弥补的责任和担当……

我没有什么天赋，所以我只能尽我的全力去奔跑。喘不上气时很痛苦，肌肉酸疼时很痛苦，关节嘎吱作响时很痛苦，看着自己的努力追赶不上别人的天赋时很痛苦，但在这痛苦之中我知道了什么是所谓热爱，明白了何为自我。于是终究无法停止脚步，于是始终追寻着光的方向，于是奔跑！

五、惟天下之至诚，为能化

对我来说，在上面所有的环节中最重要的是人。没有一起学习的小伙伴，没有大家的不断讨论，我不可能把知识理解得这么透彻；没有实验室师兄师姐一遍遍不厌其烦的讲解，我不可能出色地完成科研任务；没有互相鼓励坚持的队友，我也不可能熬过那些接近极限的至暗时刻。在我生命中出现过的每个人都帮助我成为如今的我。

我始终相信真心能够换取真心。非常幸运的是，我遇到的都是真诚而善良的人，是我前世修了善行才能够遇到的人。我也不知道该如何表达这种情感，只好将自己脑海中一些印象深刻的语句写下："我们在艺设待了这么长时间，你说它会不会记得？""下雨了，陪我去北湖跑跑吧，好久没和你一起跑步了。""咬牙撑住了！""我们在做着别人想都不敢想的事情！""咱们还有没有机会再去一起看看长安街的月亮？""绕北湖一圈1.43公里，绕南校区一圈1.98公里，绕中关村校区一圈3公里，我用脚步丈量了学校的每一寸土地，是不是以后无论如何都不会忘记这里了。""冲！只管往前面传盘，我肯定能接到！"一些人、一些话语在不经意间就留在了心间，再也无法忘记。

无论多么舍不得，过往的时光终究已经逝去了。感谢一路走来遇到的每一位善良而美好的人，感谢精彩时光里始终向着光奔跑的自己。下一站，保持热爱，继续出发！

京工七载之小小感悟

作者简介 刘济铮，徐特立学院2015级本科生，机械与车辆学院2019级博士研究生，2022年于埃因霍温理工大学进行联合培养。已发表高水平论文7篇，其中，顶级期刊3篇、重要期刊4篇。曾获2022"互联网+"总决赛国际赛道金奖，2022"互联网+"总决赛产业命题赛道铜奖，2022"互联网+"北京市赛主赛道一等奖，2022"互联网+"北京市赛产业命题赛道一等奖，2022"京彩大创"百强创业团队，2021第二届促进金砖合作创新大赛优秀项目奖，2021"世纪杯"校赛金奖，2021"互联网+"北京市主赛道二等奖。曾获2022"北京理工大学优秀研究生标兵"称号、2021法士特奖学金、2021北京理工大学研究生特等学业奖学金。

2015年7月，拿到了EMS寄来的北理工徐特立学院录取通知书，设计朴素，只有简单一张纸，拿起来很轻，但翻开看到自己的名字和徐特立学院后，又觉得似乎很重。

一、期待与憧憬——初入良乡

2015年时的良乡和现在的良乡就像鸭绿江两岸的城市一样，不可同日而语。得知要在这个地方生活两年，我心里万马奔腾，但也只能安慰自己这两年好好专心学业。

大一时主要的精力都放在对数理基础课的学习，从高中（尤其是河北卷出来的学生）到大学，学习模式的快速转变是最好的先发优势。数学分析申大维老师的教诲让人印象深刻。负责任的老师们备课时间和上课时间的比例是3∶1到4∶1，那学生想学好这门课，需要用到的精力只能比老师多，不能比老师少。虽然大一时我的成绩在徐院2015级不算起眼，但也算是顺利通过了基础课程和重重考核。

大二开始，课外的事情逐渐多了起来。课程之外的重心主要在两个方面，课外的科创活动以及在目标学院找到心仪的导师和课题组。当时"互联网+"还没有发展到如今的地位，我们主要参加的还是"挑战杯"和"大创"之类的创新活动。虽然我们几个人的小团队在"大创"活动没有拿到很好的奖项，但这也为我现在"互联网+"竞赛及其他创新创业竞赛中的斩获打下了基础，更具体地讲应该是思维基础。这个思维基础，就是解决问题的思路。课本里的内容对于我们来说是固定的，对于我们的考核，也是对已学过知识内容的组合和使用，是在有限知识范围内解决问题。但参加科创活动能够带来的最大的帮助，是教会了我要学会跳脱出思维定式，不要总想着自己是什么专业的，要用本专业的知识解决问题。就像我们现在的跨学科融合以及交叉学科一样，在信息爆炸的时代，单一的专业知识已经不足以实现突破性的创新。对于找导师，其实我并没有费太大工夫。目标确定，导师简历与研究方向对比，最后和导师当面沟通交流，选定导师就是水到渠成的事情了。当然，这里给学弟学妹的小建议是，找导师的时候最好确认导师博士论文主题与当前项目是否一致，以及多和目标导师组里的师兄师姐打听询问。

二、卧薪尝胆——初入科研之门

大三大四，总结下来就是，从基础课学习迈向知识应用和科研入门。大三，我参加了"恩智浦"智能车俱乐部，较为系统地学习了硬件、软件架构和控制方法的知识以及相关的实际应用。作为车辆专业的学生，能够在课外接触到这些知识，真的很幸运。从画电路、焊板子到编写单片机的软件架构以及摄像头循迹算法的标定、编写，这些技能现在来看，就是一个全能的车辆软硬件工程师的初始技能，但在专业课程上我们没办法进行如此系统的学习，也没有多少实践的机会。虽然最后比赛只拿到了一个省部级的二等奖，没有能够进入国赛，但和拿奖相比，更重要的是这一年的经历。一个很真实的现象就是我们这届徐特立学院学生到了大三基本没有了挂科压力，也就基本能够确定拿到保研资格了。因此很大一部分人开始放松了自我要求，生活也开始变得很惬意。但我下了课就去工程训练中心调试车辆，经常一干就到凌晨一两点。我也有过想要躺平的想法，但最后坚持下来了才知道自己选择的道路多么正确。比赛之外，我逐渐开始融入课题组的学习生活，用两年间的课余时间掌握了车辆控制算法开发的流程以及最重要的实验验证方法。直到现在我还记得，2019年的春天，为了完成我们各自的毕业论文，我和同组的硕士师兄一起在西山调试设备测试各自的控制算法。作为一个本科生，这是我很自豪的事情。熟练掌握整个开发流程，正和我文章开头说的一样，就是掌握了先发优势，为我的博士研究产出打下了坚实的基础。

这里我想强调，徐特立学院的最大优势在于贯通培养能够让我们提前进入实验室，提前把理论应用到实践中。从学制来看，我们这届研究生是2019年入学，但实际上，在入学时我们已经在实验室进行了两年的系统学习，知识和技能储备程度也基本和同年入学的普博学生没什么差别了。因此，如果选择了徐特立学院的贯通培养连读模式，一定抓住这个难得的机会，早入组、早干活。

三、厚积薄发——博士修行之旅

2019年博士入学后，宿舍、实验室的"两点一线"就是博士生活的主旋律。承接着本科毕业设计的课题（车辆状态估计），我想继续做深入的研究，但发现这个课题基本没什么可以拓展的空间了。因为智能网联汽车相关的政策落地和产业前景，读博半年后我很坚定地改变研究方向，选择做实验室前人从没做的车辆编队控制理论研究。没有前人就意味着所有的坑都要自己跳过，所有南墙都要自己撞过。虽然会有一段阵痛期，但能够坚持下来，我们就会对自己的研究领域有独到的见解，博士的研究也才算是步入正轨了。

在成果产出方面，由于研究方向的问题，我的课题不像实验研究那样基于实验数据做分析进而得出结论。我需要通过不断的代码调试和实验从而达到自己的控制目标，因此我的研究开发周期长，这就导致论文产出速度偏慢。博士入学至今，我基本保持着一年发表一至两篇文章的速度。此外，我还很积极地参加"互联网+"创新创业大赛。基于我们实验室的技术基础，我担任了项目负责人，在经过两年多的孵化、迭代后，我们智能网联全线控底盘的项目一步一个脚印，从2020年校赛的银奖到2021年市赛的银奖，再到2022年国际总决赛主赛道金奖和产业赛道铜奖，算是令人满意的结果。

写这篇文章时（2022年11月15日），我刚刚到达荷兰埃因霍温，将要在埃因霍温理工大学进行为期一年的联合培养，希望这一年能够有令自己满意的收获。

最后，送给学弟学妹们一句我很喜欢的话，Do not go gentle into that good night，趁年轻，做点什么。

只不过是从头再来

> **作者简介** 刘诗宇，徐特立学院2014级本科生，中国航天科工集团第二研究院计算机科学与技术专业2019级硕士研究生，研究方向为FPGA形式化验证、网络安全测评。曾获航天二院"优秀研究生"称号、"优秀毕业研究生"称号、科研创新一等奖学金等荣誉。曾担任北理航天科工俱乐部学术顾问，指导俱乐部成员完成课题研究并发表多篇EI论文。近三年来于航天二院七〇六所参与多项GF基础科研重点项目、院级技术改进项目和科研生产任务。

当我收到约稿邮件时，我惊讶而激动，迫不及待地想和你们分享我在徐院的点点滴滴。但是当我看到其余受邀撰稿人的名单时，我又陷入了沉思，因为相较于我，名单中的同学更加符合"优秀"这一概念。他们在学习成绩上名列前茅，在学生工作上尽职尽责，在学术科研上屡创佳绩，而我则似乎一无所有。

我思索了很久，在徐院这些年，我得到了什么？是什么让我和大家站在一起？我又应该如何给你们讲述我的故事？

一、故事的开始

2014年，当我怀揣着梦想走进大学校园，我想玩社团，我想搞竞赛，我想好好学习，我想出人头地，我想要恋爱和陪伴……大学在刚刚高中毕业的我心中就是一个梦境，万事皆有可能。

大一时的我懵懵懂懂，大学的一切都让我感到新奇，当然也花了很多时间去适应大学的生活。我还记得，仿佛挨了当头一棒的数理分析课，让人怀疑他们高考经历了什么才考到一个班的同学，第一次面对的校外大千世界，以及无论如何都管不住的晚睡、赖床、翘课和期末临时抱佛脚……我相信这不会是我一个人的故事。

大二、大三的我已经适应了大学的节奏，能够按照自己的想法去追逐心中所爱。我曾经，效力于徐院第一支足球队"BIGGER"，跟着留级的极客学长学习把玩Arduino单片机，下载教学视频捣鼓三维建模和渲染，负责在机械班公众号"BIT30031401"上更新《每周一个汽车结构》《代码食堂》《小彦的课外话题》，担任"水成水贴"北理帖吧的小吧主，"人菜瘾大"地给学弟学妹们提供各种帮助……当然，还有"脱单"。

我把有限的青春都挥洒到了这些细碎琐事中，任性而美好。虽然成绩始终不好，但简历被车辆学院的龚建伟教授一眼相中，因此申请龚教授成为博导也非常顺利。大三结束之前的生活是如此的舒适和惬意，我在徐院优渥的求学条件中终于迷失了自己的方向，就像一场浑浑噩噩的宿醉美梦，总要迎来一摊狼藉的梦醒时分。

二、梦醒时分

后来我多次回想这件事，它或许是由于任课老师而产生的偶然，抑或许是一种"该来的总会来"的必然，总之，徐院学生最害怕的事发生在了我身上——挂科。

围绕在我周遭的所有光芒被一个简单的数字驱散，我从梦中醒来，发现自己赤身裸体。这种感觉很奇妙，在过去的三年里仿佛自己已经挥斥方遒、一览众山小，却在最后关头发现自己不过是人云亦云、鹦鹉学舌。前三年的舒适只是因为自己总在逃避该付出努力的方向，选择性地无视了那些正确的道路。

大四的一切发生得很快，成绩倒数、没有竞赛大奖、没有实验室成果、没有参加有实力的科研团体的我在匆匆忙忙的考研中一败涂地，随后失去了爱情，然后离开了北理工。就这样，我的未来变成了"自主就业"，几乎过着吃了上顿没下顿的生活，未来一片黑暗，只能摸索着走。2018年，我在深圳出差，朝九晚九，晚上下了班跟着民工潮一起出了工厂，在街边熙熙攘攘的小摊前找个空的小板凳坐下，点上一份炒饭。小桌板很油腻，城乡接合部的街道上满是污水和垃圾，而我边吃炒饭边想这个项目我明天怎么继续做。远远的那家面馆里总在单曲循环"人在广东已经漂泊十年，有时也怀念当初一起……"，偶尔还飘来几声老板娘的"靓仔"，我总是情不自禁地也跟着哼起来。回去的路上总注意避开灯火通明的街边小摊，不让眼里的泪花泛出泪光。当学院的各位都开心保研而我独自一人步入社会时，当我投出无数简历石沉大海时，当我不得不干着月薪两三千的工作时，我知道，我打碎了自己的梦，这将是我梦醒之后不得不面对的现实。

2018年，第二次考研时，原本足够过线的分数遇上贸易战引发的大涨分，失利的我只能回到家里。虽然父母从未苛责于我，但在过去的几年里一再令父母失望的我越发感到羞愧。我还记得当初考上徐院时父母在人前的自豪与欣喜，如今他们不再谈论关于我的规划和打算。父亲从来不会给我施加压力，他对我有着望子成龙的期许，我们并不怎么谈论学习和努力，这是我们之间的默契。母亲则常于表达却又不长于表达，她总是忍不住不假思索地说出心里话。当我不止一次听到她对我说"儿子，北京那么辛苦，要不咱们就回来吧，没事"的时候，我的鼻头便止不住地发酸。我知道，我是一个混蛋，我辜负了父母，我把一切都搞砸了。

一事无成、学业堪忧，考不上研还"二战"，"二战"不行还调剂，一轮又一轮打击让我终于沉到谷底。年少的时候，喜欢谈理想，喜欢做计划，以为只要自己够聪明、够努力，就能实现。而经历了这一切的我坦然平淡了许多，我终于醒悟：我浪费了很多时间，浪费在追求遥不可及的目标上，浪费在灰心丧气虚度光阴上。我只是普通人，踏踏实实地走，我不想浪费时间。

三、普通人的故事

2019年，我终于回到了一个能够读书的地方，航天二院七〇六所。坦率地说，从国企研究所毕业的研究生往往比不上从211高校毕业的研究生，更远比不上985高校的尖子，但是我只是一个普通人，有书读便值得珍惜。

相较于在徐院读本科时的我，研究生阶段的我明显更勤奋刻苦了。在读研的这段时间里，尤其是从研二到所实习开始，我的同学们总评价我很"卷"。由于研究所并不对研究生实习做太多管理，很多同学便经常翘班出去玩、宅在宿舍打游戏，较刻苦的也只是每天到岗、到点下班，而我则往往会认真学习到十点或十一点才收拾回宿舍。虽然我总把"加班"的锅推给我的导师李东方主任，推说是李主任管得太严，但实际上我打心底里想"加班"，因为我深知换专业方向所需的努力。即便在李主任的悉心教导之下，我依然花了六个月才掌握了FPGA测试的概貌并明白仿真测试工作具体是怎么回事，学习形式化验证工具花去了之后的两个月，熟悉验证工具和验证对象又花去了之后的四个月……

我从没有刻意去计算我参与了多少项目，有多少成就，因为小组的氛围便是如此，踏实做事的我遇上了一个能够踏实做事的航天软件评测中心。这里的生活乏善可陈，也没有多少"科研"可言，但作为普通人的我已经慢慢开始享受起这样的生活，这里的踏实工作让我发现了自己的价值。唯一值得一提的是，从二院研究生院获得了"优秀研究生"称号、"优秀毕业研究生"称号和科研创新一等奖学金。

伴随着近年来国家对网络安全的重视，××网络安全也成为各方关注的焦点。而"恰好"，我们小组在李主任的带领下从三年前就开始收集整理有关××网络安全的公开资料，研究××开展××网络安全××的相关经验。2021年，我们的前瞻性和踏实付出得到了认可，成为第一家具备相关能力的技术支撑单位。2022年，集团级的××网络安全××中心依托我们小组挂牌成立，而我也随小组前辈们从软件评测一起转向网络安全方向。更换研究方向的阵痛在所难免，不过好在本科升硕士时已经经历过一次，无非是另一段踏踏实实的旅程。

四、结语

相较于大多数徐院学子来说,我的经历应该堪称"丰富多彩",或许让我入选邀请名单的便是这一波三折的经历本身,又或许是我在这大起大落中从幼稚到成熟的转变,抑或许兼而有之。

我的故事已到此为止,又未完待续,希望我能把我的故事讲得前段使人羡慕、中段让人唏嘘、后段令人欣慰,不知书页前的你是否意犹未尽。如果书页前的你正在经历失败的迷茫,不要担心,你要允许自己失败,大不了,我们从头再来。

扬帆起航，乘风破浪

作者简介 祁宇轩，徐特立学院2017级机械电子工程方向本科生，机电学院兵器科学与技术专业2021级博士研究生，师从姜春兰教授，研究方向为弹药战斗部设计与高效毁伤技术。参与国家自然科学基金项目、GF预研项目等多项研究；在期刊及会议上发表多篇学术论文。曾获北京理工大学校级"优秀学术"荣誉称号，多次获得本科生学业奖学金。曾担任特立书院、精工书院朋辈导师，现担任"兵器设计与实验"课程助教。本科期间，多次参与支教等志愿活动，作为乐队吉他手参加北湖音乐节、新年晚会等演出活动。

特立潮头，开创未来，徐特立学院即将迎来十周年院庆。六年前，我进入北京理工大学徐特立学院学习。在学院的培养和教育下，我度过了难忘的大学本科四年生活，毕业后顺利进入机电学院攻读兵器科学与技术博士学位。同时，我也见证了徐特立学院在这几年间的蓬勃发展。在此院庆之际，衷心祝愿学院人才辈出、桃李四海、勇攀高峰、更显辉煌。

一、扬帆

踏入大学校门的那一刻，我没有拿到未来四年的剧本，也不曾想到六年后会写下这些文字。酷暑炎夏的午后，我整理好行李后去行政楼前领取了入学资料，开启了我的大学本科生活。第一个月是如火如荼的军训生活，烈日下挥汗如雨的训练，晚上在宿舍和舍友谈天说地，良乡十周年晚会上挥动手中的灯光，训练结束后紧张地翻阅教材准备考试，背着被子半夜徒步拉练。

军训的午休时间，几个男生一拍即合成立了乐队，到学生服务楼二楼独立音乐协会弹琴排练。这一个决定让我们的乐队成员共同走过四年的时光，登上了北湖音乐节和各种晚会的舞台，同时也收获了弥足珍贵的友谊。

脱下军训的服装，换上工科的衬衫，我正式开始了大学的学习生活。数学分析的成绩总是不理想，繁忙的学生工作接踵而至，社团活动也积极参与。我和每位大学生一样寻求着课程学习、学生工作和社团活动之间的平衡，努力适应着快节奏的大学生活。初入大学的迷茫岁月里，徐特立学院程杞元院长总能用最朴实的话语，教会我们如何去成长。每次与程院长交谈，无微不至的关怀都能让我们缓解学业压力、积极面对挫折。于是，家长和同学都开始称呼她为"程妈"，学院的氛围也十分温馨。

大一期末前，学院组织我们到延安参观学习，晚上我们到北京西站乘车，第二天清晨天未亮便到达延安车站。注视着延安自然科学院的窑洞，遥想战火纷飞的艰难岁月；吹拂着张思德广场的寒风，体会革命先辈的筚路蓝缕；聆听着白求恩同志的事迹，感受伟大无私的革命精神。赴延安参观学习这堂思政课，带给我以心灵的震撼，让我的思想认识得到提升。

二、起航

大学的四分之一悄然过去，我已经适应了本科学习生活，此后的大学二年级迎接我的是繁杂的课程学习。从理论力学到电工技术，再到机械工程，每一门课的内容都十分充实。各门课程的作业和难度，让我有些难以应对。回忆那段时间，最难忘的经历便是晚上在静园活动室和机械大类的同学一起画工图、建模型，大家一起努力合作完成小组作业。期末考试前，和同学在活动室一起做理论力学习题，疲惫的时候就躺在沙发上休息一会儿。大二紧凑的课程安排不仅强化了我对知识的学习，还在一定程度上磨炼了我的意志，让我体验了拼搏奋斗之后的酣畅淋漓。

在那段辛苦而又快乐的时光里，有两位老师在我的成长过程中留下了深刻的印记，一位是机械与车辆学院的张彤老师，另一位是数学与统计学院的朱国庆老师。张彤老师教我们机械工程基础课程，她的教学风格严谨认真，在为我们讲解绘图规范的同时，还时刻提醒我们要站在生产加工的角度绘制图纸，不能脱离实际的生产过程和工艺。这一理念深刻影响了我之后的科研学习和项目研究，也让我切身体会到了绘图这门工程语言的重要性。朱国庆老师是我们的班主任，每当我遇到对科研和未来的疑惑时，都会到理学楼办公室向他请教。朱老师总会用风趣幽默的语言表达他的观点和看法，他的点拨让我明白了如何去参与科研工作，什么是好的科研成果。

大学二年级这一年，我的课程成绩稳步提升，完成学校课程学习之后，利用假期预习了一些专业课程。课余时间参与乐队排练，并在龙艺民乐社组织排练曲目，参加了几场晚会演出，同时还在社团结识了许多好朋友。在学院陈曼辅导员的帮助指导下，我联系到了如今的导师，为之后的科研学习做好准备。

三、乘风

大二暑假，在学院的资助下，我赴德国亚琛工业大学参加学习交流。交流期间，我体会到了国外学生的学习生活氛围，感受到了独特的风土人情。课余时间，我来到马克思家乡特里尔，望着马克思停止思考、与世长辞的椅子不免浮想联翩。这段出国交流经历虽然短暂，却让我放眼望世界，拓宽了视野。

大三上学期，我进入机电学院姜春兰教授实验室，跟随姜老师开展弹药战斗部设计与高效毁伤研究。活性毁伤元是高效毁伤领域的研究热点，刚进入实验室的我对活性毁伤元的制备工艺并不熟悉。为此我查阅了大量的国内外文献，并在师兄师姐的帮助下掌握了真空气氛烧结炉等设备的使用方法。为了更好地平衡协调课程与科研，我时常早上坐班车去西山校区做实验，中午赶回中关村校区进行课程学习。

课程和科研之余，聆听学术讲座领略大家风采，往往也会受益匪浅。在北京理工大学的教室里，杨绍卿院士为我们展现末敏弹的设计理念，福田敏男院士与我们畅想机器人的发展趋势，杨秀敏院士带我们感受数值仿真的神奇能力。王越院士是我国雷达领域的专家，是德高望重的教学名师，同时还是我中学母校的学长。在与王越院士的三次交流学习过程中,他都提及了中学校长赵天麟烈士的事迹,青年时期的艰苦求学经历让院士立下了报国之志。我们深深体会到了王越院士的家国情怀,"科学无国界,但科学家有祖国",这也让我更加坚定了学术报国的理想信念。

四、破浪

大三下学期,我有幸参与了某产品毁伤威力评估项目,主要负责数学建模和编程计算工作。在与厂方工程师的交流中,我对产品的研制与评估有了更加深入的了解,也体会到了理论知识运用在实际工程中的快乐与成就感。大三暑假,我和实验室老师同学一起到某靶场开展试验,亲身体验到了爆炸冲击波带来的震撼。我看着抛掷起来的黄土直上云霄,遥想多少武器装备从这片土地上诞生,心中激动不已。

大四,我开始了新型活性毁伤材料的研究学习,并将其作为本科毕业设计课题。材料的科研过程涉及万能材料试验机、分离式霍普金森压杆系统、高速摄像机等测试仪器的使用。起初,我对这些仪器设备比较陌生。后来,在机电、材料、宇航学院老师同学的指导下,我掌握了它们的使用方法,并完成了新型活性毁伤材料的性能测试,毕业设计论文也取得了优秀的成绩。

不知不觉中,走过了大学四年。当我穿上学士服的那一刻,我意识到在徐特立学院的时光已然画上句号,离别的伤感和未来的憧憬交织成学士帽上的流苏。告别了徐特立学院,我进入机电学院攻读兵器科学与技术专业博士学位,继续朝着梦想努力前行。

博士研究生阶段,我参与了国家自然科学基金等项目的开题论证工作,作为"兵器设计与实验"课程助教协助老师开展教学活动。在国际弹道会议和中文核心期刊上发表了学术论文,申请了发明专利。我赴长沙参加了国际防务技术大会,聆听了国内外专家的精彩讲座,并完成了全英文学术报告,结识了来自全国各个院校、工厂和研究所的同行朋友。

逐梦之旅,未完待续……

五、结束语

重拾时光留下的记忆落叶,回首终生难忘的求学岁月。有太多的瞬间难以忘记,有太多的故事还未诉说,有太多的感动汇流成河。时间如细沙从指间流逝,模糊了一个个奋笔疾书的夜晚,擦去了黑板上的公式和定理。书本上的知识会逐渐淡忘,但徐特立学院带给我的全力以赴、追求卓越、争做行业领军人才的拼搏意识将永远刻在生命的征途。感谢徐特立学院教师们的指导和同窗们的帮助,未来我将继续努力奋斗,在自己的研究领域为国家多做贡献。

谨以此文献给培养、教育我的徐特立学院,以及每一位追逐梦想的特立学子。

北理情，徐院缘

作者简介　乔力，徐特立学院2015级本科生，信息与电子学院2019级博士研究生。师从张军院士，研究方向是智联网、海量多址接入。目前，以第一作者在无线通信领域顶级期刊IEEE JSAC、TWC、TVT发表论文3篇，在通信领域国际会议发表论文3篇，获得IEEE 2022IWCMC会议学生最佳论文，已获授权国家发明专利6项，公开PCT国际专利一项，合著*Spring Nature*专著一部，参与撰写"十四五"国家重点出版物专著一部。同时，受邀担任多个行业顶级期刊/会议（IEEE JSAC/IoTJ/CL/Globecom等）的审稿人。

"大学之道，在明明德，在亲民，在止于至善。"——《大学》

转眼间已经是来北理的第八个秋天了，与徐特立学院结缘也八年之久了。2022年夏天，刚刚送别了徐院2015级的硕士小伙伴们。2019年的夏天无法体会的戏码，其实早已注定是三年或五年之后的保留节目。我们2015级的同学是幸运的，有2013级、2014级的优秀师兄师姐传道解惑，少了许多迷茫，多了几分坚定。慈乌反哺，现在回过头来，将我们的经历写下来，尤其是那些走过的弯路，希望能让读到的师弟师妹们在人生道路上多一种选择。

下面的文字，先按照时间顺序记录所思所悟，最后做科研话题的重点探讨。

一、大学印象——"学以精工"

慎思笃行,求真务实。

学习可以说是学生离不了的话题,我个人觉得工科大学生的学习要分三个明显不同的阶段,即高中生到大学生,大学低年级到大学高年级,本科生到研究生。高中到大学是自主性的变化,大学低年级到高年级是知识专业性的变化,而本科生到研究生是知识从有穷到无穷的变化。实际上知识一向都是无穷的,《庄子》就有记载:"吾生也有涯,而知也无涯。以有涯随无涯,殆已!"研究生之前的教材知识实际上是老师为我们精心筛选好的,可以说是工科学习之本。所以,不做三遍教材课后题确实对不起辛勤付出的老师们。如果本科阶段的学习足够扎实可靠,那么研究生之后,基本上就是需要什么补什么,有了好的基础,新东西至少能学得快一些。

学以致用,知行合一。

本科高年级之后,课程知识的专业性会明显提升,专业课就是为专门的大问题服务的知识。不知道正在学习模拟电路和数字电路的你是否跃跃欲试在实验课上大展身手?同样的道理,我目前所做的通信系统的建模也都建立在信号系统、数字信号处理、电磁场等专业课的基础上,用到的数学方法离不开基础的概率论、线性代数、微积分等。徐特立学院实际上为大家提供了丰富的学以致用的机会,如学科竞赛培训、导师指导的科研等。最近CCTV推出的《典籍里的中国》做得非常好,其中有一集撒贝宁带观众回顾王阳明的《传习录》,其中"知行合一"思想也正是我们工科学习的方法论。

百尺竿头,更进一步。

学习从来都是自己的事情,也不仅只是自己的事情。首先"学"就是从别人那里学,一开始就离不开"老师"。"学"也包括同学探讨切磋、老师打分点评。因此学习应该是一个快乐的事情,与同学因为共同的学习产生话题难道不令人快乐吗?比如前段时间颁布了2022年的诺贝尔奖,大家无论是什么知识背景,都会参与到诺奖的话题讨论中,从而就会产生什么样的工作能获得诺贝尔奖、什么是原创、什么是有意义的科研等一系列思考。这些思考不容小觑，已会把一个人对知识的理解提升到新高度。徐院的老师都是专业"大牛"，课堂上除了听老师讲解教材知识，还要聆听他们的专业感想，这些对于专业认知是大有益处的。课余时间呢？现在北理工的"百家讲坛"办得如火如荼，任何你感兴趣的话题都会出现在"百家讲坛"上，与大师对话从来不会浪费时间。对于大学后期的研究生来说，大部分课题组每周都会召开组会，老师也会鼓励大家出去参加学术会议、多合作研讨。通过这些活动，不仅可以认识新人、开阔视野，同时也会提升自己的能力。

慎思明辨，推陈出新。

传闻古希腊哲学家亚里士多德说："我爱我师，我更爱真理。"这也告诉我们真理并不完全掌握在"老师"的手中，对知识的吸收要有自己的判断与思考，这样才能将死知识变成活想法。创新是建立在对传统的反思之上的。研究生的学习，批判性思考往往是必修课，比如一篇论文，跟着作者的思路读，收获可能远不如用审视批判的眼光阅读多。

二、大学经历——"德以明理"

"德"是立身之本，第一部分提到的"知"和"行"也是一种品德。相信大家都对学校的德育教育有所体验，德育开题、中期、结题三次阶段性会议为大家提供了互相学习的平台，督促大家总结展望，组织老师帮大家把关、指引方向。其实"德育"无处不在。下面，我想以两件本科经历为例，分析它们对我思想变化的影响。

百花齐放，勠力同心。

2019年德育结题的时候，院里老师夸我们班学业和业余活动搞得都挺丰富，我当时特别开心，觉得自己这个班长很光荣。仔细想来，徐院本科的课业还是相当有挑战性的，我们能够在繁重的课业间隙玩得尽兴，留下一些值得纪念的集体回忆是令人骄傲的。我印象比较深刻的是，在大三即将升大四的时候，班里组织了一次茶话会，畅谈人生理想。谈论了什么记不清楚了，也不再重要了。有个性与追求的热情洋溢的同龄人聚在一起，总有一些闪光点会吸引你，多年后回味依然会刻骨铭心。这个世界之所以如此美丽，正是因为人的思想和行动的多样性，而优秀的集体在保持多样性的同时还能形成向心力，从而无坚不摧。写到这里，自然又想到了另一个对我们年轻人很重要的话题：选择。人们常说选择大于努力，我也会在面临选择时多方咨询，深思熟虑，甚至有时候害怕选择。其实没关系的，顺从自己的内心，"我就是我"，相信在自己选择的天地里一定会绽放光彩。

读万卷书，行万里路。

得益于徐院的大力支持，我们这届大部分同学都能有机会出国看一看。我在2017年寒假参观了日本的京都大学和东京大学。当时在东京大学物理系的走廊里，听了小柴、户冢、梶田三代师徒，共同创建超级神冈中微子探测器，两次获得诺贝尔奖的故事，我大为震撼。一百年前，我们叫日本还叫"东洋"，当年不乏前辈留学东洋，而后又回国建设积贫积弱的旧中国，我们耳熟能详的就有李大钊、陈独秀、鲁迅等。新时代我们与国外的差距全面缩小，我们青年学子也应该像前辈一样致力于强大祖国。国际交流让我们感受到思想文化的差异，为我们提供学习优秀科学文化、客观认识自己的机会，让我们的格局打开。此外，本科生的国际交流倾向于探索新知，而研究生阶段的国际交流则聚焦于学术研究，更加有针对性。我是国际交流的受益者，目前正在帝国理工联合培养，也希望师弟师妹们早做准备，把握机会出去看一看，学有所成，报效祖国。

三、大学思考——"实事求是，不自以为是"

首先谈谈我对学科交叉的感受。徐特立学院向来是学科交叉的典范。比如我们本科寝室四个人选了三个学科方向，想不了解一点其他方向都难。现在学校的书院制我想应该也有这样一个目的——促进不同学科间的交流和合作。举一个很小的例子，比如我现在做通信研究，而智能网联车现在这么火，那我就有可能和做网联车的人自然走到一起，合作也能创新。现在的徐院师弟师妹比我们当年更优秀，相信你们把握机会，一定能做出更大的成就。

其次回到科研，我自己不属于科研入门特别早的，大三暑假才算正式在课题组里参与学术训练。本科期间，花在专业课上的时间比较多，参与的

"大创"只是简单的工程实现，算不上真正的科研。做科研最好还是要先找一个与自己匹配的导师，导师知道什么问题重要，简单的指点往往就能让你登堂入室。此外，自学和批判思考无论什么情况下，对于科研都是必不可少的。前面已提到了，知识是无穷无尽的，创新需要批判。还有就是科研入门的时候，不妨循序渐进、由简入繁。当我们把自学、批判、由简入繁应用于读论文、提想法、验证想法、迭代想法、写论文的过程中，学术能力就会得到充分的训练。当然做科研的过程中，总会遇到预想不到的困难，这时候就需要迎难而上的勇气和毅力。希望每一位徐院学子都能一步一个脚印，解决科研和生活中的困难，在人生道路上更上一层楼。

不负青春与韶华，科创科研守初心

作者简介 莘展骅，徐特立学院2018级机械电子工程方向本科生，北京大学工学院2022级直博生。"互联网+"总决赛金奖团队负责人，曾带队参加多项大学生创新创业训练项目，拥有丰富的创新创业实践经验。累计获得国内各大创新创业赛事奖项十余项。已申请授权2项国家发明专利，以第一作者身份发表SCI论文一篇。

值此徐特立学院即将举办十周年院庆之际，有幸受到邀请作为优秀毕业生分享自己在徐特立学院的成长经历。能以这样的方式介绍自己，我感到非常荣幸，也倍感惶恐！希望自己的分享能给各位优秀的低年级的学弟学妹们有所帮助和借鉴。

我出生于河北的一个小城镇，很小的时候经历了家庭变故，一直以来都作为贫困生享受着学校和国家的助学补助。身为一个标准的"小镇做题家"，我相信读书可以逆天改命，一直一步一个脚印地践行着自己的初心。大一时，我怀着对大学生活的未知、向往、敬畏和惶恐踏入徐特立学院，开启了我的大学时光。四年来，我一直以饱满的热情面对大学生活，主动迎接挑战，克服重重困难，不断追逐梦想，活出了属于自己的精彩。在本科期间，我除了顺利完成学业外，还参加各级各类项目比赛，经过不懈的努力获得国家级奖项8项，申请授权发明专利2项，发表SCI论文2篇；我还积极向党组织靠拢，成为一名光荣的中共党员。回想起本科时光，满是奋斗的青春与美好的回忆。不负韶华，不负青春！

可能与大部分同学不同，我本科期间选择了一条"科创之路"，创新创业的经历贯穿着我本科四年始终。

科创入门是在大一时候参加学院举办的科技创新周,那时候所有见识到的东西对我来说都是新奇的,避障小车、3D打印、光立方,等等,各种小项目激起了我浓厚的兴趣。后来在兴趣驱使下,我加入北京理工大学机器人队。这是一支值得敬畏的团队,有强大的凝聚力,有精雕细琢的工匠精神,有孜孜不倦的领路导师,有花几年的时间只为做好一件事不懈奋斗的队友。在队的两年时间里,我学习了大量机械设计、电控电路知识,参加了两届Robo Master赛事,为后续开展科技创新打下了良好基础。

步入大二后,随着知识的积累和认识的深入,将课本知识运用于工程实践的想法越来越丰富,创新创业的种子也在我心中萌发。学院辅导员老师了解我的想法后,主动帮我咨询指导老师并提供经济上的帮助,打消了我的后顾之忧。我有幸认识了更多的前辈和老师后,在机电学院罗庆生老师的带领下,瞄准了国内外智能消防领域的空缺并组建了"智盈迅科团队",展开了对智能消防机器人系统的研究。随着研究逐渐深入,我们研发了一款名为"蓝鲨"的智能消防机器人,实现了无人化监测、智能化决策,毫秒级压制,达到瞬态灭火的效果。本课题也由最初的校级重点项目发展成为省部级重点创业项目和国家级重点科技创新项目。与此同时,我们的团队也由最初的5人发展成为跨越8个专业20多位优秀本科生共同组成的大家庭。我作为团队的负责人,曾多次带队参加各类创新创业竞赛,获得多项北京市级和国家级的奖项,成功申请授权2项发明专利与多项实用新型、外观专利,入驻北京地区高校大学生创业园,积极推动了学术成果转化。如今,我非常欣慰地看到,"智盈迅科"真正在商业化的道路上走上了正轨。创新成果转化过程是漫长而艰辛的,我希望"智盈迅科"的诞生与成长经历能够成为大学生创新创业的范式,给立志创业人提供一个成功的借鉴。

早早进入实验室后的科研经历让我很快适应博士科研生活。我在大三的时候接触了机电学院王化平老师,被实验室有趣的科研课题和可爱的师兄、老师所吸引,开始进入北京理工大学智能机器人研究所,逐步接触科研工作。我参与的第一个课题是"便携式诊疗的片上监测微芯片级细胞操作分析系统"。在这个课题中，我接触了光电镊微操作原理，了解了光固化生物3D打印技术，被实验室科研项目中的各种神奇的内容所震撼。在与老师、师兄们接触了一段时间以后，我学会了用数学知识求解工程问题，并在进一步的历练中加强了我的设计能力和动手实践能力。被保研至北京大学工学院后，我尽快调整状态投入新的科研工作中。经过师兄和老师的指点，我深入分析调研，发现现有的图像电子增稳方法难以应对高海浪环境的复杂海况，并提出了一种适用于高海浪环境下的混合增稳方法。在老师的指导下，我以第一作者身份撰写了一篇论文，并于2022年3月发表。万事开头难，第一篇文章的撰写、作图、润色、投稿、回复等工作处处都是挑战，我也在独立撰写第一篇文章的过程中不断学习，不断成长，收获良多。

徐特立学院为学生科技创新提供了强有力的经济和制度上的支持。通过举办科创周与学术沙龙等活动引导学生在科创道路上不断摸索、前进。此外，徐特立学院注重学习数理基础知识，为后续开展创新创业活动夯实基础。学院秉持着"全栈"式的教学方针，培养技术能力全面的创新创业团队核心成员。学院的领导、辅导员和蔼可亲的态度和严谨认真的做事风格，都给我留下了深刻的印象。可以说，我能一步步走到今天离不开学院的培养，离不开学院里各位可爱的同学和敬爱的老师。

丰富多样的思想政治教育培养也是徐特立学院送给我的值得铭记终生的礼物。北京理工大学是共产党创办的第一所理工科大学，徐特立老先生是延安自然科学研究院时期的老院长，我国杰出的革命家、教育家。在我刚入学不久便向敬爱的党组织递交了入党申请书，并从那时起，我就以一名党员的标准严格要求自己，在心中树立起一把尺，落实到学习和工作中的方方面面。2018年10月，在学院的组织领导下，徐特立学院三百余名师生前往延安，重走徐老长征路。在那里，我深刻体会了以徐特立老先生为代表的老一辈革命家的艰辛。2019年10月，我有幸作为群众游行方阵的一员参与建国70周年游行，对祖国满怀感恩。2020年11月成为预备党员后，我严格遵守党的章程，时刻记住自己是一名共产党员，更加在各方面严格要求自己。2021年11月29日，终于在经历了一年的预备考察期后，成为一名正式的共产党员。

我发誓要把个人的毕生精力投入社会主义现代化建设中。

　　回首本科四年时光，徐特立学院给我留下的是满满的美好回忆。我在这里完成了学业，增长了见识，丰富了阅历，磨炼了心性，熏陶了思想，锻炼了技能，也坚守了初心。我像一条渴望知识不断遨游的鱼，而徐特立学院就像那宽阔包容的海，像家一样温暖，也给了我充分的试错机会和施展才能的宽广舞台。

我在徐特立学院

> **作者简介** 史佩卓，徐特立学院2017级飞行器设计与工程方向本科生，机电学院2021级硕士研究生，师从董永香教授，研究方向为弹药工程与爆炸科学。曾多次获得人民奖学金、"世纪杯"奖项，"优秀学生""优秀共青团员"等称号。2018—2020年，担任徐特立学院科技创新协会主席，曾在北京理工大学科技创新协会任荣誉部长。2019年，作为北京理工大学学生代表参加国家荣誉称号颁授仪式。2020年，作为队长带领北京理工大学支教团队参加暑期支教活动。2021年，获得徐特立学院"汇贤榜样"称号，同年获得北京理工大学"优秀毕业生"称号。2022年至今，担任机电学院研究生会主席。

时光如水，岁月如梭，不知不觉大学生活已经过去了。回首往事，徐特立学院无声地见证了我的成长。

良乡校区是我大学生活的开端。2017年一个炎热的夏天，我拖着沉重的行李，带着旅途的疲惫和大学生活即将到来的激动，踏入了良乡的校门。刚开始，那里的一切对我而言都是崭新的，崭新的城市，崭新的建筑，崭新的老师和同学。后来，操场上装满了军训时的天气炎热、身体酸痛，运动会上散落着青春朝气、活力拼搏；理教和综教的走廊上刻画着匆匆而过的背影，博雅楼里塞满了与室友玩笑打闹的愉快，也张贴着一起熬夜画图的专注；图书馆里有我复习时认真的身影，也有闲来无事读书的惬意；实验楼里有我组装收音机的细致；南食堂、北食堂里有我品尝美食的开心……

中关村校区是我大学生活的过渡与成熟。忘不了探索新校区解锁新地图的快乐，忘不了信教和三号楼深夜的灯光、阿姨的催促，忘不了在各个食堂发现美食的惊喜，忘不了体育馆里和同学打球的汗流浃背，忘不了实验室里师兄师姐的帮助以及和同学们一起奋斗的日日夜夜……在这几年大学时光里，我的各个方面都得到了充分的成长。

关于我的成长，我一直很认同"知行合一"这四个字，就从"知""行"这两方面跟大家讲述一下我的经历吧。

一、知在特立

大一时，数学分析这门课程让我理清了思维的脉络，在之后的四年里我深受影响。C语言这门课程提高了我的逻辑思维能力，我学会了为实现某种特定目的而改变思路进行不同的尝试。机械基础制图这门课让我学会细致与耐心，无论是多么小的细节出了错，哪怕只是差了1mm甚至是0.1mm，也要改正，不对就是不对，否则会带来更多更大的损失。

大二时，测绘与表达实训中的CAD制图是我的最爱。我喜欢将一个立体的零件在电脑上用三个视图表达出来，这让我有一种将这个零件亲手收进了电脑中的满足感和成就感。张彤老师是我在大学里见到的最可爱的老师之一，她认真又可爱，会仔细纠正同学们绘图中出现的各种小错误，闲暇时也会和我们在课程群里"斗图"。大学物理实验、电工和电子技术实验这两门课让我学会了独立思考。流体力学和理论力学让我能够思考更深更难的问题，学会不轻言放弃。

大三时搬到中关村，新的环境新的建筑着实让我迷路了几次。机械设计基础综合实践让我忙碌，由自己亲手设计的每个零件尺寸和每次设计之后的计算验证都历历在目。航天器自主导航与控制、航天器姿态动力学与控制等专业课开阔了我的眼界，增长了我的见识，让我对专业有了更深的认识。这一年，我做出了一个重要的决定——转专业，从宇航的飞行器设计与工程转到机电的弹药工程与爆炸技术专业。为了跟上新专业的学习进度，我自学了弹药概论、炸药与装药、终点效应学、爆炸物理学等专业相关课程。

大四时，我以专业排名第二的优秀成绩顺利保研，进入机电学院董永香教授的课题组，开始跟着老师和师兄师姐一起工作，深入了解课题组的研究方向。在做毕业设计时，我自学了专业常用的仿真软件，能够通过软件建模仿真。我还自学到了很多种分析方法，这些都为论文的完成以及之后的学习提供了帮助。

二、行在特立

大学四年里，我参加了很多学生工作，并组织了很多活动。大一时加入徐特立学生工作办公室的学习部，成为一名干事。这是我走上这条"不归路"的开端，大二时，和其他老师、同学一起组织成立科学技术协会，并成为新成立的科协的主席。这标志着我在这条路上越走越远、越陷越深。我的大学生活始终与学生工作密不可分。

提起学生活动，我想到的第一个就是科创周。加入学习部之后，我参与举办的第一个大型活动就是为我们新入学的2017级同学举办的科创周。在此次活动中，我担任主持人。说实话，第一次站在学院全体老师和同学面前做主持人还是很紧张的，和大家对视的时候我的腿和手都在抖，抖得厉害的时候我会借助桌子做支撑，假装自己毫不怯场，最终完美地完成了工作。成为科协主席后举办的第一个大型活动，是为新入学的2018级举办的科创月。这次我由主持人变为一个真真正正的组织者。为保证活动顺利进行，我们几个负责人不间断地开会沟通，一遍遍确认流程、需要注意的细节以及需要采买或借用的物资等。为了确保为同学们选择的项目能够顺利完成，我们提前为同学们写出了一份详细的项目操作手册。这次的活动举办得也很成功，在新生刚入学就激发了他们对科研的兴趣与热情。

后来我们举办的活动越来越多、越来越大，从晨读活动、"力行班"学生骨干培养活动、"汲识·启航"系列沙龙活动、走进实验室、走进企业等系列活动，到"特立杯"、学术论坛。我担任了各活动的组织人、负责人和主持人。

我担任了班级的组织委员，还前后担任了七个班的德育导师，为学弟学妹们答疑解惑，帮助他们摆脱迷茫，找到方向。大三时我加入了党组织，大四时成为徐特立学院第二党支部副书记，组织了一系列活动，并很荣幸地邀请到中央共青团与我们共同举办党日活动。在我的努力下，徐特立学院第二党支部成为北京市优秀党支部、北京理工大学样板党支部。

除了参加学院的学生组织，我还加入了很多校级的组织。我曾组织北京理工大学红十字会义务献血活动、北京理工大学校科协的大厂参观活动、录制学校宣传视频等。在这四年的学生工作锻炼中，我从一个志忑"小白"变成了游刃有余的"熟练工"，慢慢地可以独当一面，知道了组织活动需要考虑的方方面面，能够成为举办活动的大梁。

除了这些，四年来我还参加了很多社会实践活动与暑期支教活动。2017年2月，参加赴美社会实践调研团；2018年3月，参加鸿达康复中心志愿活动；2018年7月，赴湖南参加"重走徐老院长初心路"社会实践活动；2018年8月，赴河南洛阳坡头村支教；2018年9月，赴天津参加"梦圆北理"社会实践活动；2018年11月，前往北京民仁小学支教；2019年7月，参加"延河之星"志愿者世园会志愿服务实践团，担任世界园艺博览会志愿者；2019年8月，作为队长带领团队赴山东鲁南进行科创实践；2019年9月，参加人民大会堂国庆专项志愿活动；2020年7月，再一次参加"梦圆北理"社会实践活动；2020年8月，作为队长带领团队赴山西方山胡堡村支教；2020年9月，参加北京理工大学80周年校庆活动，等等。印象最深的就是和程杞元院长一起参加的"重走徐老院长初心路"社会实践。我们走访了徐老院长故居、徐老曾断指血书的修业学校等地，深入了解了徐老院长的光辉事迹。在河南洛阳坡头村支教的时光也很难忘，我还记得孩子们上课回答问题的积极、下课玩耍的活泼身影，更忘不了临走时孩子们给我们写下的一张张表达感激、思念与不舍的小纸条。

最让我感到光荣的是在国庆70周年大阅兵之际，我被选中，作为见证者参加了国家荣誉称号获得者的授勋仪式。在这个活动中，我亲眼见到了袁隆平、屠呦呦等杰出人物，那种激动又自豪的心情很久很久不能平静，真真正正发自内心地喊出了"国家功臣，向您致敬"这句口号。

可以说我的大学四年过得非常充实，多姿多彩而且收获丰富，学到了应学到的专业知识,掌握了应当掌握的专业技能,参加了应参加的各种活动。事实上,最初加入学习部只是为了锻炼一下自己,让大学生活丰富多彩一点,但后来的发展表明我的大学生活似乎过于丰富了一些。这些各式各样的学生工作、社会实践、志愿活动加强了我对世界的认识,增强了我的社会责任感,更提升了我的民族自豪感和对他人感同身受的能力。这些让我明白大学生身上肩负着的时代责任,我应当为社会、为社会中其他人做点什么,这些都是在课堂上永远无法学到的东西。

这些经历丰富了我,让我真正从高中的象牙塔里走了出来,看到了社会各层民众的生活,体会到了自己肩负的责任,确定了自己的目标,明白了自己今后的努力方向,这些才是在徐院的见证下我四年来真正的成长。

好了,我的经历就说到这里,希望看到的同学们也可以在大学的四年里借助徐院给我们搭建的平台多出去走一走、看一看,体会一些不一样的生活,不负这美丽的大千世界。这些经历终究会成为我们的一部分,丰富我们的精神内涵,最终成就独特的我们。

最后说一句,青春就要多做一些尝试,多见一见外面的世界,然后找准自己的路坚定地走下去。祝我们的未来都光明璀璨!

我的成长故事

作者简介 王嚣，中共党员，徐特立学院2018级电子信息工程方向本科生，信息与电子学院2022级硕士研究生，师从李伟教授，研究方向为高光谱图像处理。曾获评北京市优秀毕业生、北京理工大学优秀毕业生、徐特立学院优秀毕业生，多次获优秀学生奖学金，"优秀学生干部""优秀党员"称号。

"为你做了一个梦，特立独行，与导师一起，十年与北理不分离……"

作为刚刚从徐特立学院毕业的我，当知道在徐特立学院十周年院庆之际，很荣幸可以讲出自己的故事，这首《北理工最亮的星》（改编自《夜空中最亮的星》）突然在我耳边缓缓响起，一下子把我的思绪拉回2018年的夏天——我仿佛看见我穿着一条黑色的运动短裙，看见爸爸爬上床为我铺上明快的蓝粉色床单，看见我第一次上高等代数、大学物理还试图在棕色单线本上跟上老师的节奏不断记着笔记，看见军训拉练时昏黄朦胧的路灯，看见实弹射击时绿白相间的靶纸，看见爸妈带着爷爷奶奶去看我穿迷彩军装的样子，看见我用晒得黑黑的右手朝他们敬了个礼……画面真实而又具体，带我回忆起我在徐特立学院的成长。

一、关于入党经历

大学生活刚刚开始，我便递交了入党申请书，也有幸成为本届第一批入党并按期转正的中共正式党员，并两次获得"优秀共产党员"称号。在成为一名正式的中共党员后，先后参加了一些支部工作，如担任组织委员、宣传委员和支部书记等职务。在这个过程中，我见证了徐特立学院党员队伍从数十到数百的壮大，同时，党务工作也不断磨炼着我的耐心，经历的事情也逐渐坚定了我的信仰。我认为，只有经历过冲击再次选择的坚定，才是有力的坚定——我们一方面要了解党的历史和党带领我们创造了什么，热爱党、向往党，这是最开始的美好的选择；一方面在信息来源复杂的今天，我们要不断丰富自己的知识，用理智武装自己，保持自己的判断力，要坚信党、追随党，这是考验，也是坚持。我时刻牢记自己党员的身份，坚定自己的信仰，努力做一个有大局观、有抱负的青年人。

二、关于学习工作

如今再回顾大学四年的求学历程，与其说成绩的高低代表是否用认真的态度对待自己的大学生活，不如说不同的成绩代表不同的选择，代表着自己愿意把时间分配到什么地方。对于我来说，在徐特立学院生活的四年是丰富多彩的，是体验感超棒的，我做了很多我想做的事情，尝试了很多我没有过的尝试。

四年下来，我成绩在专业排名9/51，最终毕业设计成绩也拿到了"优秀"。得益于学院鼓励并帮助我们提前确认导师的政策，我有机会在大四提前进入实验室学习，并有一项国家发明专利受理通过，顺利保研至本校信息与电子学院并获得新生特等奖学金。竞赛方面，我并未投入过多时间，在大一大二时尝试性参加过"世纪杯"、数学建模竞赛等比赛，获得了省二、校二等成绩，虽然不算卓越，但是也足够成为使大一的自己羡慕的那种人。

学生工作方面，我投入了不少的精力，也算是为学院的建设贡献了一份自己的力量。从学院新媒体中心干事到主席，从学院第五党支部组织委员、宣传委员到学院第二党支部书记，获评两次"优秀学生干部"称号，而更多的进步和成就显露于我的耐心，显露于我与人交往时的行动言语，也显露于在需要多人合作完成的事情上的协作能力……最终我获得了院"优秀毕业生"和"北京市优秀毕业生"的称号。

在徐特立学院，有太多太多取得更多成绩、更加优秀的同学，而在阅读我成长故事的你也一定有值得我学习的地方。我曾经觉得在徐特立学院的日子与高中的日子相比，少了些"尽力"，少了些"拼劲儿"——我也曾苦恼自己成绩不够优秀，苦恼自己没有多参加几个高强度的锻炼自身的比赛，苦恼自己在学生工作方面虽然能做到任务完成，但开创性不够……回想自己的经历，我逐渐意识到每一件事情都是我自己做出的选择，不管成功与否，每一件事情都能让我有所收获，其实我有在认真对待我自己做的每一件事情，这就是我觉得我会变成自己大一羡慕的人的原因，也是自己对得起自己成长的最好证明。

"韬光逐薮，含章未曜"，不断提高自己的内在涵养，修缮自我，没有努力会白费，虽然当时不会马上显示出成果，但它会成为自己一种沉默的积累。

人生有不同的阶段，人不可能在每个阶段都"拼尽全力"。我更愿意在回忆时，有关键阶段的尽力拼搏，也有青春的轻松烂漫，有慢节奏的用心感受，但最重要的是，我们在做任何选择之前，都至少要秉着一个对自己负责任的态度。明白了这个道理，在学习工作的过程中少了一份精神内耗，多了一份从容和自信，我会更多地把关注的重点放在我应该做什么上面。我告诉自己："只要我想，尽力去做，那么我就一定可以。"

三、关于与人相处、爱与被爱

"世事洞明皆学问，人情练达即文章。"与人相处是一门学问，在徐特立学院四年的学习工作经历让我体会到了人与人相处的奇妙与复杂。

我发现，可能是由于成长环境和经历的不同，人和人的思想认知、行为原则或多或少都会存在一些差异，甚至有些情况下两个人的认知会往相反的方向发展，"道不同不相为谋"这句话对一个善良的人来说，有不满与愤怒，有无奈与妥协，确是一句值得谨记的道理。学会将真诚和热情留给值得的人，可以保护自己的情绪，让自己更舒适地自处，同时也会让自己收获更多悲伤分摊、快乐加倍的友谊。

不光是和朋友的相处，和上级、同事的相处也要保持合适的距离，给予充分的尊重，常怀一颗感恩之心。在试图引导别人说出建议时，要注意时间、场合、言辞方式，让对方容易接受。在面对一些棘手问题时，要主动寻求帮助，及时沟通，有效的沟通可以及时消除误会，也可以提高工作效率。

说完与人相处，再说说爱与被爱。对我来说，爱与被爱是我一生需要学习的命题。我爱我自己，而爱自己的第一步就是和自己和解，更好地面对自己的情绪，继续保持对未来的希望与憧憬。我开始理解我的亲人，体会他们的情绪来源，所以更加懂得了他们对我的爱。我学着收敛任性，学着适当地妥协和顺从，也学着回馈他们的爱。我经历爱情，学着如何去爱一个真实的人，也摸索着如何在亲密关系中沟通交流、互相包容。

随着年龄的增长，我开始思考与人相处的学问：在怀揣真诚的同时要保护好自己，懂得感恩，也无畏付出；遇到分歧时，要学着从对方的角度看问题。同时，如何爱别人，如何让自己的亲人、爱人、朋友待在自己身边时感到幸福是我持续的思考——毕竟，有爱的人在身边，这个世界才变得有温度，有意义。

四、关于丰富自己、课余生活

不得不说，大学四年的生活丰富多彩。这期间，我参加了徐特立学院三年的"一二·九"合唱，见证了学院从勉勉强强的"精神文明奖"到实实在在的"第一名"的蜕变。我参加过"五四"舞蹈演出，用饱含感情的肢体语言在舞台中央演绎"徐特立精神"。我有幸站在天安门广场前歌颂祖国，和十四亿中国同胞庆祝国庆70周年。我还以一名OBS转播实习生的身份参与了2022年北京冬奥会的转播服务工作，收获了国内外的友谊，开阔了视野。我尝试学习化妆，尝试学习穿衣搭配，尝试做着自己喜欢的事情，一天天变成更好的自己。

这就是我的成长故事，偶尔也有闪光的地方，但更多的是可以触碰的真实。在徐特立学院的四年时光带给我的是全方位的成长，不管是从思想认知、专业技能、生活能力上，还是情操陶冶上，我都有着或多或少的感悟和收获，并持续不断地影响着我的现在和我的未来。非常感谢在徐特立学院经历的一切，在余生里，我都会铭记这段时光，也会把故事里的美好，一次次在夕阳下、在星光里讲起，讲给我的家人，讲给我的朋友，讲给我的爱人和孩子，也会讲给我自己。

最后，祝徐特立学院十周岁生日快乐，十年之约，吟唱再起——"这里我找到上大学的意义，这里有我想要的奇迹，徐特立奋斗的你，把一切都记心里。"

传承徐老精神，争做有为青年

作者简介 王天一，中共党员，徐特立学院2018级机械工程方向本科生，机械与车辆学院2022级硕士研究生，现任徐特立学院兼职辅导员。曾获评保障庆祝中华人民共和国成立70周年庆祝大会先进个人，中国共产党成立100周年庆祝活动重要保障人员，北京冬奥会OBS媒体转播重要保障人员，北京市优秀毕业生，北京理工大学优秀毕业生，北京理工大学徐特立学院2022年优秀党员，徐特立学院荣誉学生，徐特立学院"汇贤榜样"。曾获北京理工大学优秀学生奖学金，北京理工大学研究生学业奖学金。曾获北京理工大学"世纪杯"课外学术竞赛一等奖。

时光似温润绵延的河水，而大学生活就像河水上的一叶扁舟。从"寄蜉蝣于天地"的迷茫不定，到"直挂云帆济沧海"的目光如炬，数不尽的师生恩情，忘不了的青葱记忆，这座校园的每个角落，都曾有我追逐梦想的足迹。是这里，教会我仰望天空，探索从未见过的浩瀚星宇；是这里，教会我脚踏实地，掌握各个领域的精深技艺。细数青春过往，这些年的充实和进步没有任何阶段可以比拟，这些年的学习和改变对人生来说更是无价的瑰宝。如果说青春是昂扬的乐章，那北理工的大学生活便是不绝于耳的谢幕篇，而乐章中的我们，是特立潮头的徐老精神之后，是未来可期的有为青年。

一、传承徐老精神，立志学精学深

古语云："学不可以已。"作为北京理工大学徐特立学院的毕业生，这四年的丰富多彩的学习生活很好地诠释了这句话。为了在学习的路上走得更易、更久、更远，每个基础学科的关键课程都要学习，而每一门课程都要尽力学精学深，这对于初来乍到的高中生来说无疑是巨大的挑战。但"天将降大任于是人，必先苦其心志"。经历了四年的勤学苦练，我不仅有着数、理、化、工等多学科的坚实基础、各学科交叉互融的综合素质，更获得了无畏艰难的抗压能力，这使我可以更加快速地发现问题，更加从容地面对问题，更加灵活地解决问题。在学习过程中，我不断积累经验、优化学习方法、提高学习效率，因此在享受丰富多彩的大学生活的同时，我获得两次优秀学生三等奖学金，优秀学生进步奖学金。大三，我开始将学习重心逐步转向科创和专业知识。从入门打杂到了解关键技术，从畏手畏脚到大放光彩，我参加了"挑战杯""世纪杯""互联网+"等多项科创竞赛，获得了北京理工大学大学生创新创业"挑战杯"系列赛奖项和大学生课外学术创新"世纪杯"系列赛一等奖，目前作为项目负责人在为"互联网+"积极备赛，争取为母校再增光彩。经过四年的努力与进步，我的毕业成果获评良好，发明了一项专利构型，最终被顺利保送至机械与车辆学院攻读硕士研究生。

在一路的学习生活中，我努力传承徐老精神，学精学深，求同求异，积极探索，永不停歇，立志成为一名有学之人、有用之人，为社会、为国家、为人民建设更美好的未来，贡献属于北理工学子的力量！

二、传承徐老精神，不忘初心使命

"士不可以不弘毅，任重而道远。"从入学的第一天开始，似乎就注定了我将成为一名服务学生、服务校园的学生干部。至今仍记得军训时选举一排长，全班人都不敢举手，在经过长达5分钟的僵持下，我犹豫不定地举起右手，担任了我大学时光中第一个学生干部。带队老师在这时送给我一句话："大学的一切都是自己争取来的，不是别人给的。"也正是这句话，让我在后来的大学时光里，敢拼敢闯，敢于争先。一切的起源在于2018年的"一二·九"合唱比赛，徐特立学院第一年参赛，没有经验，没有声乐老师，我们一群在军训中表现突出的学生互相教学、互相学习，就这样迷迷糊糊上了台，最终结果可想而知。于是，对唱歌有极大兴趣的我暗自许诺，一定要在大学阶段，让我的学院获一次冠军。后来我担任了学生会文艺部部长，筹备了迎新晚会、中秋晚会、深秋歌会、元旦晚会。我从这些活动中找寻喜爱音乐的人，找寻专业的教学老师，女生少就和别的学院合作，最终徐特立学院拿下了"一二·九"合唱二等奖的好成绩。这对于第二年参赛的我们，已经是很大的进步了。也正因这件事，我参加了国庆70周年庆祝大会的合唱团，在音乐教授指导下学习唱歌，同时担任声部长。由于在文体活动中的无私付出，我被选举为徐特立学院学生会主席，这时的我思想境界已经大为不同，一心想着服务同学，为同学们创造难忘的大学生活。在这样的初心下，我们学院的课余活动更加有了活力、动力、吸引力。那一年的"一二·九"合唱比赛，我们获得了第一名，全校冠军。两年的时间，我实现了最初的誓言，也成为不一样的自己。此时恰逢建党100周年，我再次以北理工学生代表的身份站在了天安门广场，放声歌唱。作为团支部干部、男高声部长，我凭着自己的经验，教同学们如何发声，为同学们准备润喉糖，保障同学们的训练和演出。在那次演出之后，我成为中共正式党员。北京冬奥会，我被任命为北理工服务保障北京冬奥会第一党支部书记，保障闭环内同学们的身心健康，确保服务保障的完美进行。在春节期间，我组织大家过春节，还带上国际友人一起，写福字，送春联，提灯笼，画年画，不仅给同学们送去温暖，也为中国传统文化的弘扬与传播做出了贡献。同时我们还自行组织拍摄了冬奥纪念视频，同学们在《一起向未来》的音乐中，记录下自己在冬奥服务现场的点点滴滴。

如今，我作为徐特立学院兼职辅导员，与徐特立学院再次续缘，我深感荣幸。这片培养我四年的沃土，总让我有一种家的感觉。在后续的研究生生活中，我将尽我所能服务学校、服务同学，也一定会传承好徐老精神，无私奉献、踏实负责，不忘学生干部的初心，不忘学生干部的职责，不忘共产党员的带头作用，不忘共产党员的初心使命，为校园乃至社会的美好生活贡献出自己的力量。

三、传承徐老精神，综合全面发展

"志于道，据于德，依于仁，游于艺。"若想长远发展，就必须有各方面知识的涉猎，只有这样才能成为综合素质优良的新时代人才。兴趣爱好是生活中最好的调味剂，没有体、美、劳的熏陶和调节，德、智也必然会有所影响。我在大一时就经常参加各类歌咏比赛，也因此结识了与文体艺术有关的老师和同学，在他们的影响下我变成一名文艺范儿十足的北理青年。我在大二参加了"五四"舞蹈比赛，我学会了表演的张力，并且强化了对舞台的热爱。也正因如此，我爱上各种文艺活动。"深秋歌会"上我轻吟浅唱，用温柔的歌声述说着《父亲写的散文诗》。徐特立红色舞台剧《长征中的徐特立》，我饰演的徐特立通过言传身教感染每一位长征中的小战士。北理工毕业宣传片《与你追寻》，我饰演的小高同学演绎了北理工人的成长旅途。宣传片《致广大，尽精微》，我饰演的北理方程式车队队长复刻了夺冠团队的探索过程。招生宣传片《极高明，道中庸》，我饰演的北理工"哪吒"团队队长再现了夺冠前期的艰难困苦。在建团100周年之际，中央广播电视总台的《奋斗的青春——2022年五四青年节特别节目》中，我作为高校代表，向全国观众展示新一代青年的风貌风采。大学的丰富生活，难以尽述，让人难忘，也带给我无数的惊喜与收获。毕业后，我获评北京市优秀毕业生和北京理工大学优秀毕业生，心中既有欣慰也有感慨，欣慰的是自己的努力和汗水得到了肯定，感慨的是大学时光恍如一瞬。

岁月如高耸入云的凌峰，而在徐特立学院毕业的我就像山中的一棵古松，北理工的教育就是我深植的沃土，而未来的日子就是阳光雨露或狂风骤雨，等待着我的不是一个终点，而是另一个起点。是学院教会我不骄不躁的心性，是学院教会我不气不馁的勇气，是学院教会我兢兢业业的品格，是学院教会我自强不息的意志。背起行囊，眺望远方，我看到的不仅仅有太阳，还有属于北理工特立人的美好未来和无限荣光。

用汗水浇灌收获，以实干笃定前行

作者简介 王铁儒，中共党员，徐特立学院2017级机械电子工程方向本科生，现就读于机电学院智能机器人研究所。曾获"北京市优秀毕业生""北京市优秀学生干部""北京市'先锋杯'优秀团员""北京理工大学优秀毕业生""北京理工大学青春榜样"等荣誉称号。曾担任北京理工大学学生会副主席、徐特立学院团委学生副书记。

2017年的盛夏，一位来自西北的男孩第一次离开家乡，来到了北京理工大学开启大学生活。在这里，一切都十分新鲜，同时也夹杂着许多未知带来的恐惧。徐特立学院是他来到这里的第一个家。如今回首在徐特立学院度过的四年时光，是开阔视野的四年，是专业成长的四年，是心智成熟的四年，更是青春绽放的四年。

一、一年级：适应生活、开拓视野的一年

大一，是适应生活、开拓视野的一年。面对初来乍到的种种不适应，我参加了学院的学生组织，在徐特立学生工作办公室找到了归属感，这里有耐心、和蔼的学长学姐，有来自五湖四海的同学，老师对于我们学习和生活都十分关心。依稀记得年级大会后，"程妈"单独留下我，问我学习压力大不，能不能跟上课程。那时，我暗下决心，一定不让老师因为我的学习成绩而操心，自己一定要取得好成绩回报老师的关心。第一年的课程很难，我和班级同学互相督促，早睡早起，轮流上课占前排的座位，早起预约图书馆的自习室，完成课后作业相互讲解难题。

课余时间，我会和部门的同学们一起参加志愿活动。每周二下午我们都会去宏达幼儿园陪伴自闭症孩子，周末和假期的时间我们去河南睢县支教。还记得那是我第一次外出支教，出发前学院老师和我们反复确认流程和讲课内容，并且不厌其烦地叮嘱大家注意安全。坐着深夜从北京开往郑州的硬座，我在火车上和同学们度过了我的19岁生日。

暑假的时候，带着对于徐特立老先生的好奇之心，在学院老师的指导下，我和同学们共同组织了"重走徐特立老院长初心路"暑期社会实践活动。出发的前一个月，老师和我们共同策划行程。七月的酷暑和连日的阴雨都无法阻挡我们追寻的热情，每日三四万的微信步数、一篇篇推送、一个个视频都记录着我们最珍贵的记忆。那时的自己没有想到，在学院老师的大力支持下，这个实践一做就是三年，曾经的八人小分队如今已经覆盖了几百名同学，取得了十分丰硕的成果。这算是我大学最为自豪的事情之一。

二、二年级：找寻方向、积极进取的一年

大二，是找寻方向、积极进取的一年。终于，这时的我成了别人口中的学长，有了学弟学妹。慢慢适应大学课程后，学习方面自如了许多，我开始慢慢找寻自己热爱的领域与方向。这一点特别感谢徐特立学院，不像其他学院那样高考完就一锤定音确定了自己的专业。学院让我们在有一定的数理基础之后，通过专业导论课、科技创新周、讲座沙龙活动等方式，去了解每一个学科的研究方向以及未来发展。

在专业选择方面，我有过很长一段时间的探寻和徘徊。起初想选择宇航专业，而后又对车辆专业十分感兴趣，之后又想学习军工专业，最后才找到自己真正喜欢的方向——机电工程智能机器人系统。在这个探寻的过程中，许多专业方向的教授在学院为我们耐心答疑解惑，学院也组织多场不同方向的学生教授座谈会，我就是在这样的一次次面对面交流中找到了自己感兴趣的专业方向。选择的历程是蜿蜒的，但是这条路上离不开学院的耐心引导，让我们每一个人都在进步和成长中选择到自己最喜欢、最适合的方向。

2018年学院扩招，学生工作办公室因此壮大，学院分团委成立了，我成

为一个全新部门的负责人。虽然有着很多未知的困难,但是从学弟学妹稚嫩的目光中,看到了他们对于大学生活的无限期待,就像当年的我一样。学院给我们提供了全方位支持。这一年,我学到很多,如策划活动、审批教室、制作推送、设计海报、剪辑音频视频,等等。我们举办了学院新生开学典礼,每一份物资、每一项流程大家都投入了百分百的专注。我们的活动并不轰轰烈烈,但是让这个给我归属感的学院变得更加温暖,就很满足。

这一年,我实现了多年的心愿——加入了中国共产党,成为我们学院2017级第一批加入党组织的学生。我记得发展大会那天,我的入党介绍人史院长对我说:成为党员后要始终牢记初心,做一个正直的人,爱憎分明,为人正派;要有担当,有责任心,在祖国和人民需要的时候要有奉献精神;作为学生党员,最重要的还是要聚焦主责主业,要立志未来成为学术领域的领军领导人才。正直、奉献、学术,这也成为我后来一直勉励自己的座右铭。大二暑假,在学院的资助下,我实现了出国学习的梦想。在英国学习的一个月时间里,我感受到异国他乡的地域风土人情,了解了牛津大学和剑桥大学的专业方向,也认识了很多国际友人,开阔了我的眼界。与此同时,第二年"重走徐特立老院长初心路"实践活动也顺利开展。

三、三年级:超越自我实现、梦想的一年

大三,是超越自我、实现梦想的一年。确定专业方向后,我很快联系到了我的导师,并在导师和实验室师兄师姐的指导下参加了"互联网+"创新创业大赛和全国机器人创新大赛,虽说比赛结果并不理想,但这是我第一次接触科创,第一次真正进入机器人的世界。庆祝国庆70周年,所有学弟学妹们都参与到了群众游行方阵的排练中,我十分羡慕。然而就在这时,史院长告诉我有一个任务,问我是否愿意参加,最终我作为一名迎宾志愿者参加了国家勋章和国家荣誉称号颁授仪式。

学生工作方面,我同时留任了学院分团委和校学生会的主要负责人。做这个决定,我经历了复杂的思想斗争,因为我需要兼顾两边的工作,还要保证自己的学习成绩和实验室的科研任务,很担心自己无法平衡好学习和工

作,但最后还是选择了挑战自我。大三上学期,来到校学生会的我遇到了很多困难,工作流程不熟悉,部长团部员不熟悉,主席团内部对于我这个"外来者"似乎也不是很欢迎。我也曾对于种种不顺利自怨自艾,后来看到这样一句话:"终有一天你会站在风雨中,发现天空没有那么蓝,但灰蒙蒙中依然有点点微光。真正的勇士,绝不是听说风雨就惶惶不安的人,而是那些身处风暴之中,依然手握点点微光的人。"我要有自信和勇气面对这条自己选择的路上的种种困难。一年的时光,我学会了隐忍和笃定,我懂得了很多事情需要多些耐心、多些坚持,而很多事情也要学会和自己和解。学院团委给了我一种家的感觉,这一年团委举办了很多活动。第三年的"重走徐特立老院长初心路"实践活动,已经由学弟学妹们主要负责了,看着这支队伍在学院老师的呵护以及同学们的努力下越来越壮大,我的内心十分欣慰。

四、四年级:上下求索、踏实转变的一年

大四,是上下求索、踏实转变的一年。光阴似箭,日月如梭,这已是我在徐特立学院的第四个年头,马上要步入研究生生活,加入科研工作者的行列。实验室的平淡生活中带着学习和解决困难的成就感,探索和转变中期待着未来那个进步的自己,期待未来的自己能成为徐特立学院学弟学妹的榜样,就像刚入学的自己一样。

感谢在最美的青春年华和最好的学院相遇。四年时光,学院为我留下太多太多的美好,平凡的学子无以为报,这份特立印象永远在我心中。我多么希望时间可以走得慢一些,让我在这个学院多一些美好的时光,和这里的人们多一些美好的回忆。未来的很多日子里,会有更多的同学和我一样在徐特立学院邂逅最美的青春年华,也会有更多同学书写属于自己的特立故事。在大大小小的故事中,会有:那是2017年的夏天,一个来自西北的孩子离开家乡,来到这里。

发现的乐趣

作者简介 魏恺轩，徐特立学院2014级本科生，计算机学院2018级硕士研究生，师从付莹教授，研究方向为计算机视觉、计算摄影学、计算成像学，博士被美国普林斯顿大学及英国剑桥大学录取，曾受剑桥大学邀请及资助于2019年夏季前往剑桥大学合作研究。以第一作者身份发表4篇SCI期刊（SCI一区/二区）及三篇CCF-A类国际顶级会议（CVPR19、CVPR 2020 Oral和ICML 2020 Oral）论文，其ICML论文入选ICML2020杰出论文奖（2/4990，0.04%录用率），为自2014年北京大学获奖后国内高校第二次获此奖项，被机器之心、新智元等主流前沿科技媒体报道。2020年度百度奖学金获得者（20万元，全球10人），入选全球首份AI华人新星百强榜单。同时受邀担任多个国际会议（CCF-A类会议CVPR，ICCV，AAAI、NeurIPS、SIGGRAPHAsia）及SCI一区Top期刊IEEE *Transactions on Pattern Analysis and Machine Intelligence*（IF=24.314）的审稿人。

"最能令我感到兴奋的不是论文的接收通知邮件，而是那深入探索问题过程中一个个灵光乍现的瞬间，是通过实验发现自己的点子真的有效所带来的那种满足感。"

——魏恺轩

一、精准定位，本科生也能有科研梦

首先，我想和大家说一句心里话，也是我最想跟大家分享的内容，我认为我的"成功"可以从内因和外因两个角度来进行总结。内因是我很幸运很早就发现了我喜欢科研，似乎有一种发自内心的求知欲，一种对探索未知世界的强烈渴望；外因是徐特立学院和特立书院，这里的导师制，促使我很早就遇到我的导师付莹老师，在她的悉心指导下，我才能快速成长，一路上遇到了诸多良师益友。

从时间线上来讲，我是从大三开始（2017年）加入付莹老师的实验室的。在经过了3个月的科研训练（主要是文献阅读），在双方都互相了解且满意后，正式开启了我的第一个科研课题。当然，第一个课题是由付老师定的——关于高光谱图像的去噪。尽管当时深度学习的研究和应用已如火如荼，但付老师坚持让我从传统的基于优化的方法入手解决这个问题。经过一段时间的学习与尝试，我们非常幸运地成功将基于概率图模型的低秩贝叶斯张量分解方法应用到了高光谱去噪上，并且做到了当时SOTA性能。完成这项工作大概到了大三的期末，暑期我暂时放下这个工作去格灵深瞳信息技术股份有限公司实习了两个月，大四开学时将论文成稿并投出。虽然这只是一个A+B型的工作，但无疑大大加深了我对传统的基于优化的方法的认识，并且显著地提升了我对自己科研能力的信心。

时间来到大四，在完成了第一个基于传统方法的光谱去噪工作以后，我们决定继续深挖该问题，自然的思路便是引入深度学习。虽然深度学习在普通彩色/灰度图像去噪上已取得了超越传统方法的性能，但直接将这类方法扩展应用到光谱去噪却面临光谱维度灵活性与去噪性能的折中问题。即直接应用深度学习方法势必会牺牲掉光谱维度的灵活性，导致其不易扩展到不同的光谱传感器上。为了解决该问题，我们尝试将高光谱的领域知识嵌入神经网络中，网络设计原则继承了传统方法中对高光谱图像先验的考虑。最终，我们成功地设计出一个融合了光谱图像领域知识的神经网络，解决了上述的挑战。该工作完成并成稿于大四下学期初，投稿至ECCV 2018。

大四下学期，付老师将我介绍给了微软亚洲研究院（MSRA）的杨蛟龙老师，并开始合作开展下一个研究项目。我内心是相当激动的，毕竟MSRA是中国计算机届公认的"黄埔军校"，在那里能与更多优秀的同龄人（实习生）

和老师共同合作研究、成长进步。杨老师给我的选题是图像的反光消除。这个方向上，他们之前在ICCV 2017时完成了第一个基于深度学习的单张图像反光消除的工作。然而，现有的深度学习方法大都基于仿真数据进行训练，在真实测试场景下往往表现得不够理想。另外，虽然CVPR 2018上已有工作尝试收集成对的有/无反光的真实数据进行训练，但收集大量的成对且对齐的真实数据以避免过拟合问题是极度困难的。有趣的是，我们发现，如果不要求成对的真实数据完全对齐，那么数据收集的难度会极大地降低，因此研究的挑战就变成了如何利用不对齐的数据训练网络。最后，我们设计了一个简单但是十分有效的损失函数，成功解决了上述挑战。整个工作持续了大概半年左右，当然中间还穿插了我的毕业季和毕业旅行，其对应的成果最终发表在CVPR 2019上。

本科的经历让我明白，科研并不是研究生的特权，在本科阶段，我们也应该多方位地了解学科前沿，提前发掘兴趣点，并在可能的情况下尽可能多地展开研究，这能帮助我们更好地过渡到研究生阶段的学习中。

二、锐意进取，剑桥大学的缘分与ICML杰出论文奖

这个时期的我开始从科研的新手期慢慢向成熟期过渡，同时也逐渐建立起自己的科研品位。从这个阶段开始，老师们不再限定我的选题，而是将选择权交到我的手中。遵循内心的兴趣，我决心深入探究极暗光计算摄影。这个新兴方向由陈启峰老师在CVPR 2018发表的 *Learning to see in the dark* 开创，其Githubrepo的star有接近5k（截至今日，其视频Youtube观看次数大于170 000次）。他们的工作是利用真实暗光条件采集短曝光-长曝光训练数据集，构建神经网络自动地学习短曝光带噪至长曝光干净图像的映射。诚然，这个工作取得了惊人的成果，但他们的方法面临反光消除任务中相似的困境，即使用不同的相机采集大量成对的真实数据极度耗时耗力。另外，由于不同相机的噪声特性差异，在一台相机的成对数据上训练的网络往往无法高效地应用于另一台相机。为了解决上述困境，我们从噪声建模的角度入手，通过构建成对的仿真数据绕过真实数据收集困难的问题。我们发现现有的噪声模型（如

泊松高斯模型）无法有效地解释极暗光条件下怪异的噪声模式（如偏色、带状条纹等），而这些噪声模式势必是与CMOS成像传感器高度相关的。为了探究这些噪声的起源，我们考究了大量电子成像及传感器领域的文献（最古老的可追溯至1985年），最终构建起基于物理的噪声模型以及其噪声参数校正方法。用该方法生成的仿真数据训练的网络甚至可以匹敌利用成对真实数据训练的网络，该工作最终被CVPR 2020收录为口头报告。我依稀记着某个审稿人的评价："It bridges the knowledge of sensors and machine learning for synthesizing images and doing deep low-level vision."

研一下学期，我从在MSRA期间认识的师兄那了解到剑桥大学图像分析组招募research intern的信息，在其官网主页详细了解后，发现我们的研究兴趣有一定的重合之处，于是我联系师兄将我的履历内推至剑桥。不过，这个研究实习的项目是关于（高层的）医疗图像诊断，而我更感兴趣的点其实是（低层的）医疗图像成像。顺利通过剑桥的面试，我花了两周的时间准备了一份关于计算（医疗）成像的研究提案并提交至剑桥。提案中畅想了一种同时结合传统的变分优化以及现代深度学习的方法。幸运的是，剑桥大学的图像分析组采纳了我的提案，并且对我接下来的暑期访问提供了资金资助。在剑桥的两个月一晃而过，在此期间我们基本将研究问题及方法定型，即尝试解决在计算成像领域中应用极为广泛的一类算法（PnP）中的核心问题——参数设定问题。可以看到，这一次我们的研究脉络跟之前截然不同。之前的工作多是直接从具体应用入手，尝试解决现有方法中的痛点问题。而这一次，我们则是直接从著名的工具/算法入手，尝试解决工具中尚存的open problem，若真能有效解决该问题，则势必会直接对其下游的大量应用产生影响力。从访问剑桥起，我们花了约半年时间成功解决上述的open problem并将其投稿至ICML 2020上。这个问题的最终解法依赖于对多个不同子领域知识的掌握，包括变分近端优化、深度学习图像去噪、逆成像问题以及深度强化学习。令我们倍感意外的是，这篇文章得到审稿人及领域主席极高的评价（The method is a novel application of RL and a novel solution to the PnP tuning problem. The work will have an impact on the image recovery field, as the excellent results inspire further work on this approach.）并最终被ICML评审组委会选为ICML杰出论文。

三、回望总结，全球AI华人新星百强与百度奖学金

我很感激能有机会与我的导师付莹教授共同工作，在她的悉心指导下，在短短三年的时间里，我从一个学术小白逐渐成长为一名有自己的科研品位且能够独当一面的研究者。在三年的时间中，我很幸运能与许多杰出的研究者们共同工作，包括微软亚洲研究院的杨蛟龙老师以及剑桥大学的Angelica老师。没有他们的帮助与支持，我无法想象我能取得如此多的成果，也正是这些经历，使得我能够在科研路上快速地成长。当我回望之时，已发现，我的成长已远远地超出了我的想象。

ICML这篇从选题（2019.7）到发表（2020.6）大致花了一年的时间。2019年7月到剑桥访问，9月时基本确定了研究的问题与方法，接下来是快速迭代期，中间花了1个月时间处理CVPR的投稿，在2020年1月初时基本把结果做出来了，花了1个月时间写作，于2020年2月投稿至ICML 2020上。

科研总是会伴随着一段漫长的低谷期。在这个时期，方法、点子及实现往往都已经就位，但就是做不出好效果。经历过几次这样的阶段后，我也慢慢懂得了这个时候需要冷静分析到底是哪里出了问题，特别是对于机器学习/深度学习系统而言，其具体实现至关重要，恶魔往往就隐藏在细节之中。要克服这种困难，首先需要对自己的点子有足够的信心，其次要在关键时期完全脱离自己的舒适区，全神贯注地思考和编码。我的工作进展取得突破，基本都是遵循上述的工作模式。

而相较于文字和实验而言，与他方的沟通交流往往能决定项目推进的进度与实际成效。有效的沟通需要我们有足够的自我激励，带上准备好的PPT主动去跟导师汇报每周的进展。在剑桥大学短短两个月的时间里，我就做了足足8次带PPT的汇报，每次都能聊30～60分钟，感觉自己的英语口语都提升了不少。

近期我刚刚申请到了普林斯顿大学和剑桥大学的博士全奖offer，也成功拿到了全球首份AI华人新星百强的荣誉和百度奖学金的资助。这一切的收

获，在五年前刚开启科研之路的我眼中，是那么遥不可及，现在却实实在在地摆在了我的面前。我很幸运能在学术生涯的早期（学生阶段）就做出有一定影响力的工作。但我也知道，我的学术旅程才刚刚开始，在未来，我会努力做出更多有影响力的工作。

不忘来路，再扬风帆

作者简介 余全洲，徐特立学院2017级电子信息工程方向本科生，信息与电子学院2021级博士研究生，师从王永庆教授，研究方向为航天测控通信、导航。以第一作者身份发表SCI期刊论文1篇，在投论文3篇，受理专利2项。2022年获"北京理工大学优秀学生"称号。

时光荏苒，白驹过隙，岁月如梭。在徐特立学院的四年生活，让我的人生观、价值观、世界观都有了更深的改变，并为我攻读博士学位打下了牢固的基础。回顾本科以及博士一年的学习生活，除了学习到基础知识、掌握一些科研技能外，更重要的是锻炼了我自主思考、自主学习、明辨是非的能力，并提升了自我规划、自我控制以及为人处世的能力。我从只会接受"填鸭式"教育的中学生，变成了具有明确目标、能够独立思考、自我超越的在读博士。一路走来的种种经历标志着我的蜕变，让我在成长与挑战的道路上，始终保持着初心与斗志，不畏荆棘，不惧坎坷，勇往直前。

一、学习与成长

大学期间让我印象最深、受益最多的便是学习方式、学习心态的转变。本科的学习历程，正是被动—主动学习方式的一次转变。在本科四年里，我找到并确定了自己未来的研究领域和方向，改变了浮躁、急功近利的心态，并培养了自我控制的能力。

初入大学时，徐特立英才班的培养体系使我没有在一开始便确定了未来的方向，而是有更多的机会去感受和选择。在大类培养的最初阶段，我仍然保持着高中的学习方式，每天按照课程表去上课、学习，课后按时完成作业，并进行之后课程的预习。没有了老师的严厉监督，上课地点也从固定的教室变成了不同的教学楼。可以说，这个时候的我，还停留在被动接受知识的阶段，这也是我学习方式的舒适圈，所以在一段时间内，我没有能够明确方向，不知道自己想要什么，未来想从事什么领域。抱着这些疑问和茫然，我加强对基础知识的学习，并努力了解不同专业技术的应用领域。

大一下开始选择专业，我选择了电子信息专业，这一次不仅听取了一些老师的建议，更多的是遵从了内心的选择。我相信专业没有优劣之分，只要热爱并且百分百地投入，就一定能够取得满意的成绩。在之后的专业课学习中，复杂的数学公式和难以理解的物理含义，一度让我开始怀疑自己是否适合电子信息专业，并对自身的能力产生了怀疑。屡遭打击之后，我下定决心，要让自己走出舒适圈，去挑战自己的弱点。我以更为严谨认真的态度对待电子信息工程方向专业课程的学习，不放过书本上的每一个细节，努力理清知识脉络，同时积极利用各种实践机会加深对于知识的理解。努力的确会取得一些成效，在大学的后半程，我感觉在课程的学习上更为得心应手，在成绩上也相应取得了比较显著的进步。

除了课本知识外，动手实践让我真正学会了自我思考，并锻炼了我解决问题的能力。通过参加比赛，我开始用自己所学的知识去解决实际问题，并尝试创新，尝试突破。由于比赛中很多知识是课本上所没有涉及的，因此我开始自己探索和思考、查阅资料，或向高年级同学请教。一次次的比赛，让我将理论和应用进行了结合，并让我掌握了很多软件的使用，大大提升了我的综合素养。这些比赛也让我的学习方式有了很大的改变，让我不再只学习课本的内容，不再无条件相信权威，不再通过死记硬背来获取知识，而是主动思考、独立思考。面对新知识，我更加注重其背后的原理和意义，而不是最终的公式和数字。

到了大三，贯通式的培养方案让我们开始提前选择未来从事的领域，开始选择自己博士期间的导师。这是我第一次完全自主地去决定自己未来的人生方向。通过与不同老师的沟通交流，通过听取高年级同学的经验，我确定了自己的研究方向——航天测控与通信，并选择了未来的博士生导师。尽管这个专业的知识对我来说过于深奥，无法理解，但我做出了最后的选择。从这时候开始，我的自主思考能力有了极大的提升，我可以自己做出重要的选择与判断，并对其负责。我的学习和思考方式有了巨大的转变，我开始主动探索和学习，并逐渐乐在其中。

进入实验室之后，我开始运用所学的理论知识解决一个个实际的问题。在这期间，我的能力得到了极大的提升，对于软硬件工具的使用更加熟练。在一次次完成培养方案题目的过程中，我开始将各科零散的知识进行汇总，终于发现原来各门课是环环相扣的。这个时候我参加了多项专业方向的竞赛，例如电子设计大赛、FPGA创新设计大赛等，取得了较好的成绩。此时的我，学会了主动思考与探索，但心态仍然较差，遇到困难会出现急躁、慌乱的情况。

到了大学收官的阶段，我开始参与一些实验室的测试和仿真项目，并开始了自己的毕业设计。不同于参加竞赛，遇到给定的题目，我不能尽力去做而是必须去做，目标也不再是完成任务而是达到指标。这一转变让我一开始痛苦不已，我不得不去尽一切方法来完成要求。这期间我遇到了许多困难，开始承受压力，并为此辗转反侧，无法入睡。也正是这个阶段的经历磨炼了我的心性。我开始把任务和困难进行梳理和规划，并脚踏实地、稳扎稳打去一个个完成。此外，我开始了解本专业的前沿研究领域，开始思考并创新。科研的突破需要长时间的积累与沉淀，不能一朝实现，更不能急功近利。直到本科毕业设计完成，我终于做好了准备，以自主学习、自主思考的方式，沉稳、冷静的做事态度，脚踏实地、敢于突破和创新的科研心态，去面对自己即将到来的博士研究阶段。回顾四年的学习和思考，我有过无数的迷茫和困惑，有过一次次的逃避和悔恨，但最终，我坚定了信心和目标，拥有了一定的学习能力，这些将会让我受益终生。

正是一次次的学习和实践，让我从中明确了自己未来研究的方向，规划了自己人生的目标。除了本专业的学习外，我开始对经济、金融领域有了很大的兴趣，我攻读了本校的经济学第二学位。通过学习，我的视野得到了极大的扩展，思考事情的方式更是得到了全面的提升和改善。不同专业间的交叉融合让我感受到了不同领域思想碰撞所带来的美妙火花。此外我还学习到了很多经济类数据分析的软件，这些技能为我如今的学习提供了不少帮助。

二、生活与收获

大学生活多姿多彩，不像看管严格、只能学习的高中，大学有着很多的社团、学生组织，并有着自由的生活方式。这些让我一度沉迷，以至于无法合理规划生活。但这些经历，让我明白了自己的热爱，更锻炼了我的工作能力和为人处世的方式。

大一，我加入了社联的社团部和学院文体部，作为"搬砖打工人"参加了一次次活动，收获了很多的快乐。大二，我同时留任了社团部副部长和学院体育协会副会长。这一年，我开始和同学一起承办学生活动。面对复杂的任务，我开始有了明确的规划和管理，并一步步去实施。让我印象最深的是承办学院第一届运动会，从时间安排、场地审批、裁判志愿者招募、宣传推送、器械布置到比赛项目规划、运动员方阵排练、比赛报名与组织、成绩判定与奖励等环节，我和我的两名部长团成员以及十几名体协的部员一步步梳理，最终圆满完成。这是对我的工作能力的极大考验。在筹备过程中，和他人意见不合的情况时常发生，我逐渐改进了自己工作上的错误，并学会了与他人交流和沟通。这期间还出现了多次突发事件，也锻炼了我的应急处理能力。这些学生工作经历，让我受益匪浅，终生难忘。

大学四年期间，我拥有了很多新的兴趣爱好，例如摄影、钢琴。摄影记录了我的生活，改变了我的审美方式和对色彩的感知。通过快门记录，我留意到了生活中很多小小的幸福与美好，也感受到了他人的悲欢，这让我生活的质量得到了极大的提升。此外，我认识了很多志同道合的人，交到了很多推心置腹的朋友，这是我最为珍贵的财富，更是我未来迈向社会的保障。也正是因为有了很多的好朋友，我们一起在学习之余进行体育活动，一起刷夜、看电影，一起吐槽生活中的糟心事，并一起面对生活中的喜悦与悲伤。

和朋友们的点点滴滴组成了我大学的回忆，每当想起时，我的嘴角都会挂上幸福的笑容。

最后，我的思想觉悟也有了很大的提升。通过一次次的党史学习教育，我加深了对于共产党的理解，并积极向党组织靠拢。2019年12月14日，我光荣加入了中国共产党。

三、新机遇、新挑战

本科四年的学习生活，让我在收获宝贵的知识技能同时，也明确了自己的目标与追求。在航天电子技术团队攻读博士学位，对我来说，是新的机遇，也是全新的挑战。与本科不同，博士阶段是一个逆流而上的历程，是对自己知识技能的一次全面提升，也是对心态和执行力的磨炼。

刚开始读博的时候，面对困难重重的课题，面对论文中那些复杂的公式，我产生了一种深深的无助感。调整心态后，我开始沉淀自我，并对自己的学习、生活进行详细规划。世上无难事，只怕有心人。在不断的自我鼓励以及自我控制下，面对困难和挑战，我积极寻求解决方案。

慢慢地，我找到了自己的科研节奏，并开始用自己的知识解决实际工程问题。面对挑战，查阅课本，查找相关论文，我对领域前沿知识的研究进展有了深刻的认识。在项目研究、学习他人论文的过程中，我不断实现自己的目标，从一个问题的了解到现有研究进展的调研，到相关算法的仿真、相关论文的复现，再到实际应用时的困难，我在自己选择的科研道路上不断前进。每一个目标的完成，都能让我备受鼓舞。有了这些正反馈的加持，我越来越愿意坚持。

随着理论知识的沉淀以及参与项目的增多，我慢慢发现了已有研究的弊端和缺陷，并开始在理论和应用上进行创新，来解决实际遇到的问题。我尝试在算法上突破，当仿真确认改进的算法性能优于原先算法时，我的喜悦之情溢于言表，这也为我继续前进带来了强大的动力。经过不断的学习，我的科研和创新能力得到了进一步提升，产生了更多的学术成果。

经过博士一年的学习和不断努力，我已发表SCI二区论文一篇，在投论文三篇，申请了多项专利，并在相关的专业竞赛中取得了优异成绩。这些成果进一步正反馈，让我的执行力、毅力、自我控制力得到了不断提升，也让我明确了前进的方向和动力。相信在热爱、努力和自我规划下，我会在不懈奋斗中让青春绽放绚丽之花。

心怀国之大者，矢志成才奋进

作者简介　袁祥博，徐特立学院2017级计算机科学与技术方向本科生，网络空间安全学院2021级博士研究生，师从祝烈煌教授。曾任北京理工大学学生会执行主席、徐特立学院第六党支部副书记，现任网络空间安全学院兼职辅导员。曾获"北京市优秀毕业生""北京市优秀学生干部""青年服务国家首都大学生社会实践先进个人"等省部级荣誉奖项。

非常感谢北京理工大学和徐特立学院对我的培养，同时给予我此次机会，让我为徐特立学院十周年院庆献上诚挚的祝福。

一、心怀报国之志，努力做到"立大志"

由于从小受到的良好熏陶以及自身的爱国情怀，大学伊始，我便向党组织提交了入党申请书，渴望成为一名中共党员。经过党组织的培养和教育，我对党有了更加充分的认知，同时自身努力向优秀的党员看齐。

入学伊始，恰逢党的十九大胜利召开，我就加入了"徐特立学院十九大精神宣讲团"，从校园到乡村，从北京到山西、河南等地，在自己深入学习十九大精神的同时，也将十九大精神传播得更广，其活动被农民日报、中国青年网、大学生杂志等国家、省市媒体报道，同时宣讲团获得北京市委教工委"'百校千组学讲行'主题教育活动示范团队"、北京理工大学"共青团系统五四评优雷锋团队"等荣誉称号。曾连续两年担任"重走徐特立老院长初心路"实践团主要负责人，组织开展实践活动，实践团两次获评"首都大学生暑期社会实践优秀团队""北京理工大学优秀社会实践团队",并获"人民网匠心传播好作品""优秀实践通讯稿""优秀实践视频""优秀H5作品""优秀宣传推广"等荣誉;于长沙师范学院挂牌成立"北理工红色实践教育基地",使得其他同学能够更方便地前往当地进行社会实践,学习徐老先生的优秀品质。与实践团其他同学一起组织、策划徐特立精神宣讲微视频13部,向广大同学、社会各界人士介绍了徐特立故居、湖南省立第一师范学校旧址等徐老先生曾经学习、任职的工作地点,并深入挖掘徐老先生的革命精神,实践团受到湖南省教育网、红网时刻新闻、搜狐网等主流媒体报道。在这项社会实践活动中,我与其他同学去到长沙、延安,去到徐老院长停留过的地方,走过徐老院长长征走过的路,感受革命历程,深刻领略徐老精神,体会老一辈无产阶级革命家不屈不挠、艰苦奋斗的革命精神和高尚情操。

博士期间,我组织"寻根延安,筑梦青春"社会实践团,传承北京理工大学"延安根,军工魂"的红色基因,寻红色足迹,访伟人故里,讲延安精神;组建"网络安全宣讲团",赓续红色基因,推动知行合一,走进政府、走进乡村、走进企业宣传网络安全知识,讲述网络安全技能,努力践行好"网络安全为人民,网络安全靠人民"的口号,用好专业技能,普及安全知识,筑牢安全屏障。

二、心怀奉献之德,努力做到"明大德"

大学期间,我积极参与各项志愿活动,从校外支教到志愿宣讲,从院士接机接站到学校迎新,都有所经历,志愿时长累计达到306.5小时,用自己的亲身行动践行大学生的社会责任。

大一,我参加了"心漾微光支教团",利用周末时间赴商丘睢县向阳小学、房山区民仁学校开展支教活动,努力达到"短周期、长支援"的定点帮扶模式。为了更好地提升支教质量,我们多次举办支教经验交流会。同护航者协会、微尘志愿者协会、管院青协这样的校内组织交流,也同南开大学、中国地质大学、河南财经大学、郑州大学等校外支教团队充分沟通,以沟通促发展，以交流促进步。为了克服平时不能前往当地支教的问题，我们会定期为孩子们寄去明信片，与孩子们积极交流，鼓励他们好好学习、刻苦向上。我们也会定期收到来自孩子们的信件，从字里行间看到他们的不断成长。支教团中每个人都感受到了自己的奉献是有意义的。

我们利用假期时间前往山西吕梁、临汾等地开展支教活动。为了提升支教团的教学水平和课程设计能力，促进贫困地区孩子们的全面发展，我们不断地演练、编排，不光要学习怎么操作无人机、智能车，怎么使用单反、计算机，还要学习唱歌、跳舞。当看到孩子们的一张张笑脸时，每一个人都觉得自己的努力是值得的。

三、心怀成才之愿，努力做到"成大才"

大学以来，我的成绩始终保持在专业前20%，目前博士就读于北京理工大学网络空间安全学院。本科期间我曾数次获得优秀学生一、二等奖学金，并获小米奖学金、潍柴奖学金。

作为北理工的学子，我一直努力践行张军书记在徐特立学院提出的"立志立德、领军领导、学精学深、求同求异、创新创造、国家国际"的英才气质。本科期间我积极参加各项科创竞赛，并取得了一定的成绩。从项目方案设计、程序开发到论文编写，我一步一步提升自身的科研能力和工程实践能力。其中我作为团队成员的"基于区块链的安全通信平台"项目获得了北京理工大学计算机学院"新龙脉"学生科技创新创业资助项目。同时我也不仅仅局限于自身相关方向的内容研究，还与身边同学一起参加各类社会调研，形成调研报告《蜜糖还是砒霜？——饭圈文化对传统文化影响调研》，并以此参加学校"世纪杯"竞赛获得二等奖。在科研方面，我从大三开始加入先进网络与数据安全研究，作为成员参与国家242信息安全专项1项、国家自然科学基金项目1项，目前某专项已通过考核顺利结项。

博士期间，我参与了"基于区块链的数据隐蔽传输机制研究"项目，以此申请并授权发明专利1项，在投论文2篇。参与了各项"双创"竞赛中，获得"青创北京"2022年"挑战杯"首都大学生创业计划竞赛金奖，并获三项

"互联网+"市赛三等奖。

四、心怀担当之责，努力做到"担大任"

在课余时间，我积极践行为同学服务的宗旨。从徐工办学习部干事到学院团委、青协，再到学院学生会主席，最后到北京理工大学学生会执行主席，从学院到学校，历经各种岗位，我始终坚持初心，以担当的精神传播正能量。

在学院的工作中，我组织举办"时代新人说"讲坛，给同学展示的舞台，引领同学自觉按照党所期望的方向成长起来；推动校际交流，与外校合办元旦晚会，增进同学友谊；帮同学们解决生活中的难题，形成权益提案为同学发声。

在校学生会的工作中，我带领北京理工大学学生会充分贯彻落实《关于推动高校学生会（研究生会）深化改革的若干意见》相关文件要求，从组织制度改革、人事工作规范、思想文化引领、品牌活动塑造等方面积极响应改革号召。加强队伍建设，强化工作能力，提高政治站位，举办校学生会学生骨干培训；聚焦主责主业，围绕"五育并举"全面发展，服务学校人才培养中心工作；推进校院班三级联动机制，完善校院学生工作联席会制度，按照"校会主议，院系主行，班级支撑"的方式开展工作，精简工作队伍，提高工作效率；建立志愿者制度，以活动为单位招募志愿者，做到因事用人，事完人散。除此之外，我还作为负责人承接2020年北京理工大学车站迎新活动，面临疫情防控的要求，我带领学生会同学圆满完成了接站、测温、行李发放等工作，为学校整体迎新工作提供了良好的支持。在迎新工作中，共完成接站人数618人，行李发放2 566件。2020年年底，深秋歌会在良乡校区文化体育中心举办，作为备受校内外关注的校级文艺活动，这是疫情发生后举办的最大的室内文艺活动，我带领学生会骨干多次到现场踩点，不断完善舞台方案，拟定活动预案，根据疫情防控要求指定相关活动安排，最后为现场千余名观众奉上了一场视听盛宴。虽然由于疫情原因导致现场观众人数大量减少，但学生会成员在原来的直播平台的基础上，利用学校官方b站、抖音平台进行直播，累计播放量达2.1万人次，形成了较大的影响力。在北京理工大学80周年校庆晚会上，我作为统筹组协调人员，协助负责整体协调工作，传播正能量、弘扬主旋律，以实际行动感染和带动同学们一起成长进步。

四年间，徐特立学院教会了我很多，也让我成长了很多。徐特立学院的培养模式让我可以放下课程的"内卷"，走出象牙塔，走到社会大舞台，去实践，去成长。徐特立学院给了我无比广阔的发展舞台、无比光明的发展前景。四年间，我组织、参与徐特立学院社会实践团队前往山西吕梁、临汾，湖南长沙，贵州遵义等地了解国情社情，看贫困地区脱贫攻坚旧貌换新颜，看红军万里长征路途艰险会师终胜利，这些都是在书本上、在学校里学不到的。四年间，我参与了科创、志愿、宣讲、迎新、文体和权益等各项活动的举办，从学院的一名干事成长为校学生会执行主席。我的成长离不开学院提供的锻炼平台和"力行"骨干培训班的培养。

"青春由磨砺而出彩，人生因奋斗而升华。"我们青年一代要努力做到"立大志、明大德、成大才、担大任"，立志做有理想、敢担当、能吃苦、肯奋斗的新时代好青年，在学业有成的同时，投身党和人民需要的地方，心怀"国之大者"，坚定不移跟党走，磨炼自己，为祖国的建设贡献出一份力量，将自己的青春融入祖国的山河，让青春在党和人民最需要的地方绽放绚丽之花。时代的舞台正在向我们青年一代开启，沧海横流，方显英雄本色。我们这一代生逢其时，重任在肩，必将扛起责任，做脚踏实地的行动派、奋斗者，以青春之我、奋斗之我，面向未来，为实现中华民族伟大复兴的中国梦贡献青春力量。

树人为君子，博学以精工

作者简介 张慧雯，北京理工大学徐特立学院2016级本科生，集成电路与电子学院2020级博士研究生，电子科学与技术专业，师从盛新庆教授，研究方向为计算电磁学。曾获2018年全国大学生数学建模竞赛全国一等奖，2019年全国大学生电子设计竞赛全国一等奖与G题组第一名（为该竞赛增设专家评审环节后北理工学子获得的最高荣誉）。本科期间热心支教，在志愿北京累计志愿时长400余小时。博士期间以第一作者身份发表专业Top期刊论文1篇，EI收录论文一篇。参与GF某项目，为子专题研究方向负责人。

时光荏苒，岁月如梭，四年的大学生活转眼过去，同时我已在北理工读博两年。非常感谢母校和徐特立学院对我的培养，同时给予我此次机会，让我为徐特立学院十周年院庆献上诚挚的祝福。

刚进入徐特立学院之时，班级发起过一个活动，是写一封信给未来的自己。记得我当时给自己写下的期望是，希望可以成为一位"君子"。君子的描述有很多，敏于事而慎于言、正其身、文质彬彬，等等，这是一种太多形容词所描述的混沌而又单纯的形象，不同人有不同着重的方面。我暂且把它具化成如下几个方面，我不知道自己所追求的为人处世的目标是否称得上"君子"，但这让我觉得自洽，为人坦荡，最重要的有为社会所用的满足感。

一、君子之学，精于固

我对学业的态度一直是学懂、学稳、学固。我的学习成绩优异，曾多次位居徐特立学院电信专业第一。我曾获人民奖学金一等奖4次、二等奖2次，徐特立学院"个人绩优奖"等，也因此获得了2016年和2017年的年度国家奖学金、2018年北方工业奖学金。在2018—2019学年中，我的优良率为100%，其中14门优秀，4门良好，徐特立学院的核心贯通课均在90分以上。本科知识乃科研大厦之地基，扎实则楼高且不易倾，扎虚则楼危而常动摇，此乃君子之学精于固。

徐特立学院在培养创新型人才过程中，十分重视对基础数理知识的夯实，而我正是受益于基础知识之固。虽然徐特立学院的基础课程略多也略难一些，但是这里的师资力量雄厚，可以及时解决学生的问题与疑惑，同学之间也相互帮助。在博士学习期间，我发现本科期间的高等数学基础让我不惧推导理论公式，科学工程与技术的学习让我早早了解数值仿真的离散求解流程，牢固的电磁场基础理论更是让我快速构建博士研究方向的理论背景。随着博士科研项目的深入，我进一步感受到了基础知识之固带给我的益处。

基础知识之固为其一，学习能力之固为其二。我在徐特立学院的国外交流培养计划的支持下，参加了英国帝国理工大学人工智能与机器人冬令营，和英国当地的教授、研究生助教，以及国内西安电子科技大学、西北工业大学等十多个大学的本科生有了深入的交流，这扩展了我的国际视野并锻炼了我的创新思维。在结营的创新设计上，我和组员一同完成了"智能分类碗筷机器人"的项目设计，获得了第四名的好成绩和最佳商业潜力奖。因此在参与交流活动、竞赛和科研项目时，扎实的基础知识和良好的科研习惯是非常重要的。

二、君子之业，成于专

所谓大学本科之业，乃寻一事而专之，必有所获。在竞赛方面，我在大一上学期便积极参加各种竞赛，在锻炼自己能力的同时增强和同伴的合作意识。在参加数学建模竞赛的过程中，我所在小组在第一次的校赛中只得到了二等奖的成绩，但是我和我的组员并没有因此停止脚步，而是继续磨合学习，校级二等奖、一等奖，市级二等奖，国家一等奖，我们一步步获得了更好的成绩。在参加2018年数学建模竞赛的前一个暑假，我们小组一起学习了一本建模教材并且共同模拟了多套赛题，最终在比赛时独创了一种新模型并获奖。我很庆幸这个新想法是自己想出来的，但是没有组员对想法的打磨这个方案绝不会像现在这样完美，在这里再次感谢我的队友和指导老师，没有他们也没有我们共同的成功。

电子设计竞赛的小组也是从大二开始建立的，我和江子昊、马亦凡一起学习了当时还没有学习的模拟电路知识，还一起制作了小收音机锻炼电路搭接能力。在比赛之前的那个暑假，我们没有回家，一直都在学校备赛，每周"996"，期间准备了各种基础模块的搭建，并复习数字电路、模拟电路知识。初赛、复赛、综合测评、专家评审，我们一步一个脚印，最后拿到了国家一等奖和G题组第一名。在专家评审现场，我耐心向专家、老师和参观学生讲解小组的作品与设计思路，顺利完成了所有环节。虽然离"TI杯"只差了一步，但这是该竞赛中北理工学子获得的最高成绩。

三、君子之德，常怀济世志

君子树德为先，远至关注时事忧国忧民，近至帮助他人，勿以善小而不为。志愿活动是我大学做的最不后悔的一件事。作为一名注册志愿者，在志愿北京上加入4个志愿团体，参与9个志愿项目，服务时间427.5小时。我参加的志愿团体有：护航者协会，"亿棵树1023"亲子公益志愿服务队，"音画梦想"社会工作事务所志愿服务队，育才助学公益基金会志愿者。我参加了2017年暑假护航者协会青团支教队赴贵州六盘水民乐小学支教（获贵州六盘水市"春晖使者"称号，"秋实杯"二等奖），2018年暑假"心漾微光"支教团青宁支教队赴宁夏大战场中心小学支教（队长）（获暑假社会实践项目院级二等奖，校级优秀奖），音画基金会99高校公益大赛、桂鑫公益挑战赛。

大二，我成为北理公益社团护航者的课程部部长，这是一个之前从来没有的部门，设立目的是提高支教质量，为孩子们在志愿者的课堂里创造更好的体验。我接触到了另一个公益企业——主要扶持帮助城市流动儿童的"音画梦想"，并担任北京理工大学的高校委员，带领协会参与了"音画99公益日"的大学生公益比赛，承办了两场多校合作的志愿者培训，主讲了两场志愿者培训，同时对社团内部的支教系统进行了改革。

在2017年7月，我作为队员参加了护航者前往贵州的支教活动。在看到当地的教育环境和孩子们的生活状态之后，我觉得这样的支教活动不能只是一次属于志愿者自己的经历积累，更应该把这样的活动一年一年地进行下去，为山里的孩子们做出更多。2018年7月，我作为青宁支教队队长，带领队员赴宁夏大战场中心小学进行14天的支教活动。这次青宁支教从团建、物资到课程设计都做了充分的准备。在这14天忙碌而快乐的日子里，有志愿者之间的互帮互助，有孩子们灿烂的笑脸，有志愿者与孩子们亲密无间的交流，这些都令我和我的队员十分难忘。

四、君子之思，计深远

在读博期间，我逐渐意识到规划的重要性，所谓"凡事预则立"，对博士学习的合理规划，对未来人生的发展选择，都需要谨慎思考、谋虑深远。

在博士的学习方面，我非常感谢导师盛新庆教授对我在规划与管理方面有意识的培养。记得刚成为盛老师的学生时，他就叫我自己安排一个科学问题的进度规划，同时自己提出科学问题的解决方法，提炼为创新点，再凝练成文章发表。一开始，我十分不适应，规划的进度不一定能及时完成。但是随着时间的推移，我对自己的能力越来越了解，同时对科学问题或者科研项目有了深刻的结构化认知，可以泰然自若地完成科研与学习工作。我先后发表了两篇文章。第一篇为本科毕业设计的延续，发表于EI收录的中文核心期刊《电波科学学报》上，完成了从发现科学问题、提炼创新点、解决问题难点到形成文章的过程。第二篇文章则以参与的GF科技某实验基金项目为背景，提炼了子专题研究过程中的创新方法，成功发表于行业顶级期刊上。

除了项目任务的规划，在博士学习期间，我还有意识地总结之前的学习与工作，为未来的发展规划提供经验。盛老师在这个过程中给予我的指导和提示是非常重要的。大四时，我开始接触科研，只是跟着导师完成简单的编程和项目。由于有了第一年的科研基础，博一的我开始尝试一些比较有挑战性的研究方向，虽然遇到了一些挫折，但最终有所收获。与此同时，我更深入地参与了实验室的大型项目。博二在持续参与项目的前提下，我也尝试研究了自己感兴趣的方向。博三时，在盛老师的引导下，我尝试带领学弟学妹组成小团队，完成独立的科研项目。在未来，我将继续安排好项目工作，带领好小团队，同时做好个人总结，规划个人发展。

总而言之，不管未来的路是什么样子，我首当其冲要做的依然是靠近那个理想信念中的君子，专一科研也好，继续志愿也好，规划未来也好，去靠近那个理想之光，才会让自己不那么盲目。愿未来在北理工继续深造之时，可以进一步有所学、有所悟，道阻且长，但求无愧于心。

滋兰树蕙师者说

浅谈本科阶段拔尖创新人才培养对辅导员的新要求

作者简介 杨青萌，中共党员，2013年香港中文大学毕业，获法学硕士学位，2014年到北京理工大学工作，2014年5月—2018年8月，一直在徐特立学院工作，先后担任徐特立英才班辅导员、班主任、教学干事等，负责学生教育管理工作，见证了徐特立学院关于拔尖创新人才培养的初期探索和取得的阶段性成果。现为北京理工大学校团委组织宣传部部长。

知识经济时代背景下，围绕先进科学技术和创新人才展开的争夺，日益成为国际竞争的焦点。在2021年中央人才工作会议上，习近平总书记强调，高校特别是"双一流"大学要发挥培养基础研究人才主力军作用，全方位谋划基础学科人才培养，建设一批基础学科培养基地，培养高水平复合型人才。党的二十大报告提出："全面提高人才自主培养质量，着力造就拔尖创新人才，聚天下英才而用之。"高等教育要坚持把立德树人作为根本任务。对于拔尖人才队伍来讲，除了具备超常禀赋和能力外，还应怀有为国家需求和为社会服务的初衷，强烈的社会责任感，致力于人类发展重大命题，并愿意为全人类命运共同体和福祉而奋斗的情怀。实践证明，本科教育是创新人才培养的起始阶段，优良品德的早期养成对正确人生观、价值观的形成具有重要作用。高校要坚持"为党育人""为国育才"，培养心怀"国之大者"的拔尖人才，而辅导员肩负着高校思想政治教育的重任，需要进一步创新教育理念、丰富教育内容、提高教育实效，满足新时期的要求。

一、拔尖创新人才的内涵与高校辅导员职责

（一）拔尖创新人才的概念

早在1977年，邓小平在"尊重知识，尊重人才"讲话中就提出国家要保护好拔尖创新人才。自党的十六大报告中强调培养拔尖创新人才的重要性后，这一词便频繁出现在各官方文件或学术研究中，但关于"拔尖创新人才"的基本概念，始终没有统一、明确的定义。笔者在查阅大量文献的基础上认为，拔尖创新人才指具有深厚的知识基础、良好的道德修养、较高的创新意识和能力，同时具备国际竞争力和社会责任感，在某领域有杰出成就，并对国家、社会乃至全世界的发展做出一定贡献的高端人才。本文主要论述的是具备这些素质或潜质的本科优秀大学生。

（二）拔尖创新人才的基本要素

1. **合理的知识架构**

知识是支撑。大学生拔尖创新人才不只拘泥于获取精湛的本专业和学科知识，也要了解交叉学科、跨学科的知识，兼修良好的科技素养和人文素养，并将各领域的知识在实践中灵活运用、举一反三，达到融会贯通、推陈出新、提高创新意识的效果。

2. **健康的身心素质**

素质是影响拔尖创新人才的关键因素，主要包括政治素质、思想道德素质、心理素质、身体素质。其中，思想道德素质是核心。缺乏高尚的品行，就无法树立正确的世界观、人生观和价值观，也不可能成为对国家和社会有用的人才。

3. **全面的能力体系**

能力是保障。一个有远大理想和崇高志向的人，倘若不具备社会所需的各种能力，也无法更好地实现自身价值。大学生拔尖创新人才的能力包括学习能力、创新能力、实践能力、动手能力、适应能力、团队合作能力、抗挫

折能力等。大学生需要通过课外活动、科研训练、社会实践来锻炼、积累、有所作为，构建全面的能力体系。

要成为拔尖创新人才不仅需要主观上的积极主动、客观上的身体力行、方向上的正确无误，还依赖于坚定的信仰、高尚的道德和扎实的知识作为根基，在实践的反复锤炼中不断焕发新的力量。

（三）高校辅导员的职业定义和职责

2014年教育部印发的《高等学校辅导员职业能力标准（暂行）》中规定："辅导员是高等学校教师队伍和管理队伍的重要组成部分，具有教师和干部的双重身份。辅导员是开展大学生思想政治教育的骨干力量，是高校学生日常思想政治教育和管理工作的组织者、实施者和指导者。辅导员应当努力成为学生的人生导师和健康成长的知心朋友。"主要职责包括：思想政治教育、党团班级建设、学业指导、日常事务管理、心理健康咨询、危机事件处理、职业规划与就业指导等，总的概括为思想政治教育、学生发展指导和事务管理三方面内容。

二、辅导员在拔尖创新人才培养中的重要意义

高校辅导员是教师队伍的重要组成部分，是学校开展思想政治教育的主要力量，直接接触并深刻影响着大学生的思想和行为，因此，辅导员在高校拔尖创新人才培养中发挥着重要作用。

（一）思想政治教育引领拔尖创新人才培养方向

首先，拔尖创新人才的培养离不开理想信念的感召。辅导员依托日常的教育工作能够有效引导学生具有正确、坚定的政治方向，树立科学的价值观，愿意为国家建设和人民事业贡献自己的力量。其次，通过爱国主义教育和道德规范教育培养学生深厚的爱国情感，增强伦理道德责任和是非判断能力，使其创造的成果有利于社会发展和人类进步。最后，辅导员利用思政教育的手段帮助学生科学认识理想实现的长期性和曲折性，正确对待顺境和逆

境，始终保持追求真理的坚定信念、百折不挠的奋斗品质和勇于探索的独创精神，能够抵制错误思潮和腐朽思想的侵蚀。

（二）学生发展指导塑造拔尖创新人才个性品质

辅导员作为最了解学生的知心人，开展的个人发展指导对整个教育活动具有催化剂作用。在学业督导方面，辅导员帮助学生合理设置学习目标，明确正确的学习方法，统筹分配时间，从而保证学生旺盛的学习热情，掌握创新活动所需的科学文化知识；在创新教育方面，辅导员可以启迪学生的创新思维，使学生在掌握基础知识的同时进一步思考自身兴趣、挖掘自身潜力，最大限度地激发学生求新求异的思维，培养敢于怀疑、敢于突破、敢于创造的意识。心理健康教育方面，辅导员不仅能传授基本的心理健康知识，更可以通过心理疏导帮助学生保持乐观向上的心态，通过调适情绪，达到最佳状态。校园文化建设方面，辅导员可以充分利用学生参与活动的契机，促进校园文化对他们的熏陶，为学生的和谐成长营造宽松、开放、包容的校园氛围，促进拔尖创新人才培养环境不断优化。

（三）事务管理服务拔尖创新人才成长成才

一是重视学生资助工作。为家庭经济困难的优秀学生解除后顾之忧，保证他们顺利完成学业，并让他们体会到学校、老师的关怀，增强对社会、学校的责任感。二是做好评奖评优工作。通过设立单独的项目奖学金，引导学生参加科技创新活动和社会实践，促进学生全面发展。三是充分发挥党、团、学生组织的育人作用。通过开展丰富多彩、形式多样的学生活动提升社团文化品位，使学生社团成为学习的课堂、交流的场所、创新的发源地。

三、辅导员培养拔尖创新人才的工作路径

（一）转变观念，以创新精神投入工作

作为学生教育管理者，辅导员首先要在思想上转变观念，充分认识到创

新人才培养并不只是专业教师的工作。辅导员应该用改革创新的精神对待工作，创新大学生思想政治教育模式，发挥大学生思想政治教育在本科拔尖创新人才培养中的作用。思想政治教育不仅仅是政治工作，更重要的职责和任务是培养品德优良、素质全面、本领过硬的高素质精英人才和拔尖创新人才。在实际工作中，辅导员要有意识地加强对学生创新能力的塑造和培养，对学生科学素养和人文素养的综合培养，积极承担起培养拔尖创新人才的任务。在工作观念上，要从被动式向主动式转变，工作要靠自己去开拓、自己去创新，形成"拓""创""闯"的做事风格。

（二）针对年级特点，有的放矢地引导

拔尖创新人才的培养可分为五个阶段：自我探索期、集中训练期、才华展露与领域定向期、创造期、创造后期。结合我国本科四年学制，大致把大一定位为自我探索期，大二为集中训练期，大三为才华展露与领域定向期，大四为创造期、创造后期。不同阶段的不同需求要求拔尖创新培养采取不同策略。本科一年级进行早期促进经验的导入，注重学生的习惯养成，可通过加强入学教育（校史校规的学习、专业介绍、优秀学生事迹报告会、教授学者讲坛、设立励志导师等）来培养；大二、大三侧重于专业研究指引和支持，让学生参加科研训练和社会调研，有条件的可参加国内外交流和学科夏令营等；大四是关键发展阶段指导，包括专业定位和专业研究的深入，帮助学生正确判断社会形势及发展趋势，鼓励学生把自身价值的实现和国家的发展结合起来。各阶段的教育活动可交叠开展，并根据学生的实际情况适时调整。

（三）通过面对面谈话，开展个性化指导

许多拔尖创新学生具有天资聪慧、恃才傲物而又敏感多疑的个性特征，采用面对面个别性谈话更能倾听学生的个体诉求，满足谈话私密性要求。具体操作时，先通过深入学生宿舍、学生课堂和班团活动，掌握学生学习生活情况的第一手材料，同时建立学生个人整体档案并及时更新，为开展行之有

效的谈话辅导工作打好基础。然后结合学生的个性特点、现实情况，循循善诱地进行说理引导。如：对学习成绩优秀但参与集体活动少的同学，进行感恩、责任、奉献教育；对有浮躁、急躁情绪的学生进行细心、耐心的培育；对学习积极性不高的学生进行提高专业学习兴趣和增强精神动力的教育；对因家庭经济困难而产生自卑心理的学生，除了帮助申请物质资助外，还要进行"精神资助"，增强其圆满完成学业的信心；对心理上有问题的学生进行心理疏导，必要时联合心理医生、家长协同处理。总之，要根据学生的个性特点逐一谈话沟通，指出问题所在，适时告诫、引导，提出解决方法。

（四）提供实践平台，培养创新能力

辅导员应充分利用第二课堂，为学生搭建锻炼创新能力的平台。一方面，鼓励学生积极参加各种实践活动；另一方面，广泛开展丰富多彩的课外科技活动，如开展学术科技竞赛，创建学生科创团队等。同时，可以配合专业教师形成特色学科的创新主题，在进行与学科相关的专业实践时，激发创新理念，启发创新思维，使学生更深入、更全面、高层次地理解和运用所学的知识。此外，教育、引导学生更多地走出校园、走进社会，体验生活、学以致用。例如，组织学生参加社会调研、基层服务、志愿公益等体验型社会实践活动，帮助学生正确认识社会、体验社会，在社会的大环境中找到可以创新的闪光点。同时，建立和完善社会实践考核评价机制，将其与综合素质测评、评奖评优相关联，调动学生参与的积极性和主动性。

（五）设计合理的激励制度

目前，高校拔尖创新人才培养多数是通过设置各种英才班、实验班，将相对优秀的学生集中在小的单位环境内。在这种情况下，学习竞争相对激烈，因此需要合理运用激励机制，为学生的成长成才起到助推作用。在实际工作中，可采取优秀学生经验交流会、青春榜样报告会等形式，以朋辈的影响力激励学生奋发学习，克服精神上的懈怠和学习道路上的各种困难。同时利用学校、院系表彰会，年级会等平台及时总结经验、表扬先进，或是邀请

优秀校友返校进行生涯规划指导。激励的方式可兼用物质鼓励与精神鼓励，重在精神鼓励，并把激励的价值导向和满足被激励者的实际需要相结合。鼓励要及时，具有时效性的鼓励才能更好地发挥效能。同时，奖励的标准一旦定下来，应尽量保证其稳定性和可持续性，同时也要根据情况的变化，灵活地对奖励的方式、方法有所调整，激励机制的正确运用是拔尖创新人才思想政治教育的重要内容。

国之命脉，重在人才。拔尖创新人才培养是关乎国家民族持续发展的基础性战略性工程。高校辅导员作为一线思想政治教育工作者，对于学生事务管理、思想政治教育和生涯规划指导具有义不容辞的责任，要坚持马克思主义的指导地位，在人才培养上亮出鲜亮的马克思主义底色，牢记为党育人、为国育才的育人立场，寻求拔尖创新人才的个人天赋与能力素质的最大化与最优化发展途径，培育堪当民族复兴大任的时代新人。

十年砥砺育芬芳，奋楫扬帆再远航

作者简介 史建伟，北京理工大学珠海学院党委副书记、副院长，曾任徐特立学院党委副书记、副院长。北京理工大学动力工程及工程热物理专业毕业，硕士研究生，毕业留校先后就职于学校办公室、徐特立学院和珠海学院。曾获"北京市地方志工作先进个人""北京教育年鉴先进工作者"等荣誉称号；曾获北京市教育事业统计工作质量评估优秀个人一等奖。主持完成省部级党建课题1项，出版著作《特立精神研究与育人实践》。获北京市教育教学成果奖二等奖1项，校级教育教学成果奖特等奖1项、一等奖1项、二等奖1项。

首先，热烈庆祝徐特立学院成立十周年！谨向徐特立学院各位领导、同仁、教师、导师致以崇高的敬意！向昔日并肩奋斗的工作伙伴们、全体同学和毕业生校友致以节日的问候！

四年相伴，一生特立。2018年11月—2022年3月，我在徐特立学院担任党委副书记、副院长。近四年的时光里，聚焦"如何培养拔尖创新人才"这个核心主题，我和团队同事们、学生们一起潜心探索拔尖双领人才培养的"特立方案"，一起奋力耕耘能够对得起徐特立先生名号的"特立荣誉"，一起凝练、传承和发扬能够感染、激励和引领每一个特立人的"特立精神"，一起经营能够给予每一个特立学子强烈归属感、认同感、荣誉感的"特立家文化"，一起推动、亲历和见证徐特立学院的发展壮大。由衷感谢组织的信任和培养，使得我有幸能在徐特立学院锻炼成长；感谢学院领导对我的指导和帮助，给我提供了勇敢创新的大舞台；感谢昔日同甘共苦的辅导员伙伴们的支持和包容，为了"鹰翔计划"同一个梦想不辞辛苦、拼搏奋斗；感谢共同学习成长的学生们，是你们让我体会到了作为一名人民教师的无上光荣和幸福。徐特立学院不仅让我收获了终生难忘的师生情和同事情，更是收获了终身受益的工作思考、研究和实践能力。

十年峥嵘，砥砺卓越。徐特立学院从创建、创业到发展走过了极不平凡的十年。从职能挂靠到实体运行，从兼职小组到专职团队，从单间办公到多区运行，从四处求人到举校协同，从规模扩张到内涵提升，从白手起家到满墙荣誉，从褒贬不一到有口皆碑，期间特立人克服了种种困难和挑战，总体上成功推进了拔尖人才培养的创新实践，积累了宝贵的教育教学改革经验。回顾十年历程，徐特立学院在拔尖创新人才培养实践中形成了一系列卓有成效而富有特色的人才培养特色模式，个人体会最深的有四个方面：①高度重视数理基础的人才培养方案。大多数毕业生表示在研究生阶段真正体会到了自身的数理基础优势，有力支撑了高水平科研实践。②小班化教学。小班化教学充分保证了师生间良好的课堂互动，显著增强了教学效果，同时也使得教师能够很好地关注到每一名学生的能力和特点，更好地做到因材施教。③学术大师指导下的科研实践训练。这种模式使得很多优秀学生能够在大学二年级期间就接受到名师的个性化指导，并在科技创新竞赛、科研论文发表等方面崭露头角。④书院制教育对学生综合素质的全方位培养。正是书院制教育的深入实施，彻底改变了部分人对特立学子"高分低能""书呆子"的刻板印象，学生群体在德智体美劳每个赛场都能斩获荣誉，持续积累了成才信心，特立书院也作为学校唯一书院代表成功加入高校书院联盟。我认为这些经验做法应当长期坚守和发扬。

坚守初心，聚焦根本。徐特立学院的初心和使命就是为党和国家培育拔尖创新人才，那么"培养什么样的拔尖创新人才，抑或拔尖创新人才的核心素养"就是指导人才培养模式设计、体制机制改革和一切教育实践的根本目标导向。在学院工作期间，我和辅导员团队就科学做好学生综合素质评价开展了大量有关拔尖创新人才核心素养的调查研究，包括访谈高层次人才和文献研究，最终凝练了"德学双馨""雅健气质""博爱气质""领导能力""创新能力""实践能力"六大板块共24项核心素养。这些素养当中，除了部分先天禀赋决定因素外，我认为在人才培养过程中对成长成才至关重要的关键素养有四点：①家国情怀。强烈的家国情怀是决定一个人长期保持高水平主观能动性进而排除万难、追求卓越、久久为功的最根本因素，我认为其影响程度甚至超过兴趣爱好的作用。②全局观。全局观是在各个领域领军领导人才必备的素质，而在学校教育教学过程中往往易被忽视。③系统思维。系统思维是处理极端复杂事务的必备素质，也是拔尖创新人才养成的必备条件。④人际交往能力。纵观有所成就的拔尖创新人才，其一定具备突出的团队领导力、社会沟通协作能力，这是其能够统筹内外部资源攻克重大问题的关键。期待徐特立学院能够坚守初心、勇毅前行，切实回答好"培养什么样的拔尖创新人才"和"怎样培养拔尖创新人才"两个根本问题。

做强"特区"，做实保障。 拔尖创新人才培养是我国教育事业发展历程中的模式创新和改革实践，不同于大众化普及化教育阶段的常规模式。自2013年学校正式成立徐特立学院以来，徐特立学院人才培养模式基本无法按照学校既有的人才培养体系实施，"单兵作战"的机构运行方式根本无法支撑，必须按照"特区"的定位整合全校优势资源来支持。北京理工大学有着厚重的办学底蕴和一流的育人资源，完全有实力培养出一流的拔尖创新人才，关键在于打造能够支撑特区运行发展的体制机制。徐特立学院自成立以来，曾经很多系统性的顶层设计难以实施或大打折扣，归根结底是由于管理体制制约，进而难以形成长效化的保障机制，最终导致诸多举措无法落实落地（个人体会）。直到2021年，学校党委书记张军院士（时任校长）直接兼任学院院长，亲自谋划、部署和推进徐特立学院改革发展，彻底解决了长年存在的体制机制束缚、顶层设计和资源保障问题。有了学校党委的高度重视，有了全校各部门各学院的大力支持，有了全校一流师资和优势育人资源的注入，徐特立学院迎来了历史上最佳的发展机遇期，实现了短期内的跨越式提升。

因时而进，未来可期。 根据党的二十大精神，教育科技人才工作被提到了前所未有的新高度，同时对新时代加强拔尖创新人才培养提出了明确要求。在实现第二个百年奋斗目标新征程上，党和国家对拔尖创新人才的需求比以往任何时期都更为迫切。徐特立学院既承载着前所未有的使命责任，又面临着前所未有的发展机遇，更当承载使命、乘势而为。根据个人浅显的思考和认识，北京理工大学以理工见长，学科布局与国家重点攻关科技领域和重点发展制造业领域高度契合，徐特立学院理应将拔尖创新人才培养目标聚焦到培养重点科技领域或重点工程实践领域领军领导人才上来。同时，在人才培养实践方面，希望学院能够坚持以学生为中心，在以下方面取得新突破：①适当缩减学分，大力开发以研讨式、团队协作式和项目考核式为主的优质课程，让学生们实现"被动学习中闲下来""主动探索上忙起来"。②加强精品通识课程建设，重点打造科学史、哲学等通识类"金课"，同时加强邀请重点科技领域或工程实践领域领军领导人才到校开设讲座，重点启迪学生的全局观和系统思维能力。③持续打造特色鲜明、深入人心的学院文化，能够进一步深化"特立精神"育人研究实践，强化思想引领，引导特立学子涵养使命担当和英才气质。④一以贯之地支持第二课堂全方位培养学生综合素质，支撑其养成良好的沟通表达、团队协作、组织协调等人际交往能力。

最后，衷心祝愿徐特立学院能够持续壮大、越办越好，桃李满天下！祝愿每一名特立人都能够在自己奋斗的领域中大展身手、有所成就！无论身处何处，我都将持续关心关注和助力徐特立学院的建设发展！

特立英才，生于阶庭
——徐特立英才班课程教学侧记

作者简介 王菲，北京理工大学物理学院教授，应用物理专业责任教授。从2014年起至今一直担任徐特立英才班物理课程任课教师。在国内外著名学术刊物上发表学术论文三十余篇；出版专著1部、教材3部、译著2部。主持和参与多项科研和教改项目。先后三次荣获"我爱我师"最受学生喜爱的十位教师，并获T-more优秀教师奖一等奖，首届迪文奖教金，首届庆佳奖教金，北京高校物理基础课程青年教师讲课比赛一等奖，北京高校青年教师教学基本功比赛一等奖及最佳演示奖，全国高校物理基础课程青年教师讲课比赛华北赛区一等奖，首届北京高校教师教学创新大赛特等奖，首届全国高校教师教学创新大赛三等奖，霍英东基金会全国高等院校优秀青年教师奖。参与录制的《物理之妙里看花》被评为国家级精品视频公开课。2017年荣获首届北京市高等学校青年教学名师奖，2022年荣获"北京市课程思政教学名师"、"北京高校优秀本科育人团队"（第三带头人）、"北京高校优秀德育工作者"等称号。

十年弹指一挥间。有些记忆已斑驳，有些还历历在目。与徐特立英才班的缘分始于2013年，那一年我有幸获得了北京市高校青年教师教学基本功比赛一等奖。程杞元院长找到了我，希望我能为英才班讲授2014年春季的物理课。以培养拔尖创新人才为目标的徐特立英才班始于我校"明精计划"，自设立之初就以书院制通识教育培养与拔尖英才培养相结合的思路设计了特色鲜明的系列课程，并聘请校内外名师为徐特立英才班的学生授课。当时邀请了曾获宝钢优秀教师奖的兰州大学江先国教授为徐特立英才班讲授物理，江教授因身体原因无法继续授课。考虑到课程可持续性，程杞元院长希望我能接替江教授。在听课和交接的过程中，江教授不吝赐教，把全部教学资料和课件都毫无保留地传授予我。而且江教授多次嘱托，徐特立英才班要培养拔尖创新人才，一定要加强数理基础，要争取将当时开设两学期共176学时（80+96）的普通物理，进一步提高到192学时（96+96），特别是要加强量子物理等近代物理部分的内容。而当时北理工各工科专业的大学物理课程主要是大学物理A，两学期共128学时。已经成为当代80%高科技基础的量子物理和相对论，在大学物理的教学比重中不到20%，是无法胜任拔尖创新人才的知识基础需求的。今天看来，江教授的意见极富远见，与之后的新工科和国家近年来大力发展基础学科、重视基础研究、布局量子科技的重大战略不谋而合。

大学阶段的物理基础课，内容涵盖了力学、热学、振动波动、光学、电磁学、近代物理，是创新突破之基、交叉融合之源。徐特立英才班正是我校较早布局探索新工科人才培养的试点，开办之初就确立了加强数理、高端交叉、贯通培养的基本原则。当然，在实践中，各门课的教学模式、前后衔接和实际效果，是需要不断摸索改进的。

作为徐特立英才班的物理课，尤其需要探索教学新模式以突破传统基础课教学理论抽象、与实验相脱节的瓶颈，还原物理学自身探索特点，从现象—原理—应用的认知规律出发，不断启发学生观察、思考、分析、归纳、总结并最终付诸实践。这不但是物理基础课程教学改革的必经之路，同时也是新工科建设过程中基础课程建设的要义所在。作为刚刚接手徐特立英才班物理课的青年教师，则需要从打磨一节课，拓展升级为打造好一门课。好在北理工有着一支屡出精品的、优秀的大学物理教学团队，在团队前辈的无私帮助和指引下，为徐特立英才班物理课程确立了通过内容优化延伸拓宽学生基础，通过模式创新促进触类旁通，通过认知规律培养创新意识的课程培养模式。

徐特立英才班的全新课程体系，使得我有机会结合前后课程的教学大纲，探索教学内容的优化拓展。例如2014年的2013级徐特立英才班，根据调查摸底，学生在普通物理2（电磁、近代）之前已经先修了高等代数课，在数学分析中熟练掌握了常微分方程求解、傅里叶变换等内容，并在普通物理2的同一学期正在学习理论力学，在普通物理2的量子物理部分，理论力学课刚刚讲完哈密顿量。因此，我们为这一级学生设计了量子物理的拓展延伸内容，在课程要求的内容之外，增加了算符及其厄米性、量子力学哈密顿量、动量表象、态叠加原理、量子密码、力学量平均值、薛定谔方程求解氢原子波函数和能级，以及量子力学的矩阵形式简介、变分法求解氢原子等量子力学基本内容。对于后续课程缺少量子力学内容的工科学生而言，这些内容至少可以保证他们在需要相关知识时能够自主阅读和进一步学习量子力学后续知识，更为重要的是，学生反馈这些内容的拓展，把物理课与其他课程有机结合起来，对于数学、理论力学等课程中的相关内容起到了结构化、逻辑化和深度化的承上启下作用。我至今都记得当时课堂上，同学们看到量子力学的知识与之前所学的矩阵、行列式乃至哈密顿力学的紧密关联时，眼中闪烁的光芒，口中发出的赞叹：原来那些数学是有生命的！能深切感受到，那不只是一种前后衔接的环环相扣，更有知识迁移和升华后被量子力学思想的深深震撼。

之后随着培养方案调整，2017年起，徐特立英才班改为与其他工科普通班学时和内容一致的大学物理A，共128学时（64+64）。2018年，我校开展全面大类培养的书院制改革，徐特立英才班也从最初的百人规模成长为300人的大集体，徐特立英才班的物理课也从由我专任，改为由教研室多位教师共同分担。而此时也正是慕课等新教学模式和手段兴起之时。依托我校大学物理教学团队精心打造的国家级精品慕课，基于徐特立英才班的学生基础，我们将课堂时间用于进一步完善课程内容结构，讲解拓展内容。通过充分运用演示实验和多媒体工具，进一步加强与最新科技前沿相关的内容介绍，突出物理基础知识的贯通性和交叉性。尝试将物理课程内容与计算机编程绘图相结合，抽象的原理和结论形象直观地展现出来，并在这一过程中借助计算机，通过虚拟运用原理解决实际问题，让学生加深对物理原理的理解。与此同时，我们还通过视频剪辑、科普纪录片辅助等方式，不但在课堂上通过自然界震撼现象形象展示物理原理，还将课间课前等时段有机结合、充分利用，实现了课堂教学效果的新提升。在此基础上，鼓励学生多思考、多提问、多交流。我至今都记忆深刻的是，几乎每一届徐特立英才班都有一些在物理课上爱提问题、提好问题的学生，他们对物理本质的理解精准，所提问题之广之深，令人赞叹。他们有的能够发现教材上隐藏的错漏，有的则对感兴趣的物理问题刨根问底，甚至还有即使结课之后，还会来找我讨论课程中意犹未尽的物理问题。当然也有爱上物理，最终选择物理专业的同学。在十年英才培养的过程中，如果说有什么心得，我想最大的心得，莫过于这些在课上课下喜欢提出问题的学生，是拔尖人才培养中最应该注意培养的学生，也许他们中有的同学课程成绩并不算耀眼突出，但是后续取得的学业成就和在各自专业领域中的发展都展示出他们的实力。

  大学阶段的物理课内容涵盖广、理论性强，应如何激发学生的学习兴趣，提升创新创造能力？培养学生运用物理学原理解决实际问题，特别是综合运用不同方法和手段认识和理解物理原理尤为重要。物理课的演示实验是经长期教学探索和积累，为相应知识点的物理现象演示而设计的，每一个演示实验本身就是对于物理原理的再现，也都是科学原理交叉综合运用，多角度展示某一物理现象的创新之作。物理演示实验可以更直观形象地再现物理原理探索的过程，实现基础课程中的启发式和研究型教学。在徐特立英才班的教学中，我们从学生课堂学习的心理特点和认知规律入手，通过课堂教学的整体设计，针对每个知识点精心安排演示实验环节，配合课堂理论教学，适时引入演示实验，实现演示顺理成章、过程扣人心弦、效果突出原理，充分挖掘每个演示实验背后蕴含的科学原理和设计思路，进一步提升设备的课堂演示效果，通过现象分析原理，进而再将原理应用到实际。"相映成趣"从而相得益彰，真正实现演示实验的效能，我们在徐特立英才班的物理教学中，实现经典物理演示实验全覆盖，做到了堂堂有演示，让学生领略了物理原理的魅力所在。科学精神的无处不在，极大地调动起学生思考的积极性和探索的主动性。很多物理演示实验的巧妙构思还在学生后续的学业和科研发展中不断提供灵感,成为点燃创新之炬的星星之火。

十年来,特立英才茁壮成长,从最初的"三个人"学院,到成长为荣誉书院,建立健全了各项规章制度,形成了日益向上的氛围。我很有幸见证了徐特立英才班的氛围从最初的沉闷、单调,逐渐变得更加丰富多彩。在与徐特立英才班同学的朝夕相处中,我收获了满满的师生情谊。从最初的物理问题交流,到逐渐走进学生的生活,与他们聊天、谈心,倾听烦恼,化解忧愁,亦师亦友。看着一级一级的徐特立英才班学生不断成长、不断收获,共同感受他们的喜怒哀乐,就越发为能够与他们共度一起分享物理的那些日子感到荣幸。回想当年刚刚接手徐特立英才班物理课教学时,其实当时我很忐忑,一方面觉得自己难以胜任,另一方面又觉得能够参与到拔尖人才培养的过程之中,是难得的学习机会。事实证明,在徐特立英才班的探索和努力成就了我的教学事业,使我收获了很多荣誉和成长。回首十年,育生育师,英才辈出;芝兰玉树,生于阶庭!

特立之缘

作者简介 马宏宾，北京理工大学自动化学院教授、博士生导师，IEEE、中国自动化学会、中国人工智能学会、中国指挥与控制学会高级会员。入选教育部新世纪优秀人才、北京市优秀人才。主要针对机器人、无人车、无人机等智能自主系统研究相关的人工智能感知、控制、规划、决策问题及应用。获北京市自然科学奖、霍英东高等院校青年教师奖、吴文俊人工智能科学技术奖、中国大数据学术创新奖、优秀科技成果大赛金奖、中国产学研合作创新奖。主持或承担欧盟玛丽居里基金、国家自然科学基金委、科技创新2030、国家重点研发计划等十余项纵向科研项目。担任中国信标委人工智能分委会委员、中国教育发展战略学会人工智能与机器人教育专委会常务理事、全国高校大数据人工智能联盟理事、中国指挥与控制学会智能博弈与兵棋推演专委会常务理事、中国自动化学会控制理论专委会委员、中国运筹学会博弈论专委会委员、北京自动化学会理事、北京电子学会理事、中华国际科学交流基金会科技成果评价与转化专家委员会委员、中国智能制造百人会专家委员，参与多项机器人、人工智能、大数据、云平台相关国家标准的研制。曾担任中国人工智能优秀奖与创新奖、澳门科技奖、江苏科技奖、霍英东高等院校青年教师奖以及工信部人工智能与实体经济深度融合项目、新一代人工智能揭榜挂帅项目、机器人核心零部件揭榜挂帅项目、科技部重大科技项目及国际合作项目、国家自然科学基金评审专家，国家和北京市专业技术人才知识更新工程等高级研修班主讲专家，全国兵棋推演大赛京津冀赛区总导演。应邀担任《微纳电子与智能制造》客座主编，组织国内首期"人工智能芯片"专刊。受邀执笔撰写中国控制理论战略报告自适应控制部分。

一、特立书院之缘

我于2009年8月加入北京理工大学自动化学院,在付梦印与夏元清两位贵人的指引和多位领导的支持下,一直积极投身于优秀人才的培养工作。徐特立学院于2013年成立,作为北理工人才培养特区,即将迎来十周年庆。虽然我没能参与学院的筹划,但是很早就有缘参与了徐特立学院的建设。从学院设立后的人才培养目标和多方面的改革措施来看,我非常认同学院设立与改革的初心。为了更好地培养拔尖创新人才,使徐特立学院的学生能打好基础,聆听大师,走近前沿,学校启动了"明精计划"。夏院长提议请自动控制领域的著名科学家程代展老师来为徐特立学院开设一门高端交叉课程。为此,夏院长与时任研究生院盛院长三顾茅庐,终于打动程老师来校授课。我作为程老师的助教,曾经与盛院长交流过,盛院长强调拔尖创新人才培养要强化数理,在这一点上可谓英雄所见略同。为顺利开好"矩阵代数控制与博弈"这门高端交叉课程,程代展老师和我们团队做了精心的准备,付出了许多努力。当时,我主要负责编辑这门课程的教材和课件。这门课第一年由程代展老师亲自主讲,逐渐过渡到现在由我主讲,但每年我都会请程老师来给同学们做讲座,让同学们有机会一睹大师风采,能和程老师当面交流。

除了给徐特立学院学生授课,我还担任了徐特立学院的学育导师,也指导了多名徐特立学院学生的科技创新,其中多个项目获得校"世纪杯"一等奖或其他荣誉。我也指导徐特立学院多个学生的本科毕业设计,有的学生论文获得了北京市优秀毕业设计。我所指导过的多名学生获得徐特立奖学金或者进入徐特立奖学金的答辩。此外,我也担任领航人,主动到自己的家乡河南这个人才大省和川、渝、贵、晋等多个省市进行招生宣传工作,积极为学校吸引优秀生源,包括多名徐特立学院的学生,并因自己的努力工作和招生团队其他老师的大力支持而获得招生贡献奖。

这样来看,我与徐特立学院确实有着难解难分的缘分,也见证了徐特立学院成立以来不断的发展与变化。伴随着学校越来越重视本硕博贯通式培养,投入更多资源在本科生的培养,徐特立学院/未来精工技术学院将迎来越来越好的发展机遇。

具体来说，我有以下几点体会：

（1）学院建设从试点摸索到愈加壮大，体现出越来越大的影响力，形成了品牌效应。

（2）在高考高分学生中，徐特立英才班得到越来越多的关注，从而其生源越来越好。

（3）学校始终对学院给予最大的支持，校领导与院士们更是倾注心血打造高端平台。

（4）人才培养理念上，不仅强化数理基础，也在强调前沿技术，理工结合更加显著。

作为一线从事科学研究、科技创新与教书育人的教师，在国家日益重视科教强国，学校日益重视优秀人才引进与培养的大形势下，面对越来越"卷"的人才培养环境，面对越来越"强"的年轻学子，我也面临越来越多的压力与挑战，不断思考如何才能更好地"点亮学生的心灵"，如何才能释放出学生潜在的巨大能量。路虽远且艰，我愿带着我的心，以我的热忱去努力点燃学生的激情。我相信，只要学生心中的"神"在，我们的国家就充满了希望！

二、人才培养之悟

（一）课程体系

在学科专业建设和课程体系建设上，我认为数理基础与工程能力要同步培养，结合课程内容的编程能力训练可有效地提升学生的综合能力。课程不宜太多、太碎，相互间要有所衔接、互补，重点不是给学生灌输知识，而是怎么调动兴趣与好奇心，锻炼学生的自学能力与执行力，培养学生的责任感与创新精神。以我讲授的课程为例，"矩阵代数控制与博弈"是一门高端交叉课程，只要求学生有一年级数学分析（微积分）与高等代数（线性代数）的基础，在程代展老师、夏元清教授和我们团队精心设计下，通过一门课程就能深入浅出地覆盖矩阵论、群论、图论、随机过程、动力学、线性系统、逻辑系统、博弈论、多智能体等传统意义上需要很多课程才能讲授的基本概念与思想，这些不同学科分支有机统一在一个主题下，逐步展开，逐步深入。

我认为学生若珍惜这样的向大师学习的机会，上课专心听讲与思考，课后多在老师指导下深入钻研、挑战难题，真正成为拔尖创新人才的概率是比较大的。中国科技大学在20世纪六七十年代华罗庚、吴文俊、关肇直"三条龙"模式指导学生的成效斐然，值得借鉴。我本人也深深受益于华先生编写的《高等数学引论》。这样的核心课程不用太多，学生越早接触，越早深入，就越能尽快进入科学研究的殿堂。

此外，我非常注重学生实践能力的培养。除了在我讲授的理论课程中渗透入编程练习外，我还专门给学生开设"机器视觉与OpenCV实战""3D视觉与PCL实战"等开放实验实践课程，以计算机视觉的实例引领学生进入人工智能与国家产业需求的领域。我也给学生做过多次关于数学建模和LaTeX科技排版的专题讲座。如这些课程能进入徐特立学院课程体系，我相信会有益于优秀人才的培养。

拔尖创新人才的课堂要注重教学与科研的结合，不应该只关注传授知识，也应该在课程中吸收一些最新的研究成果，培养学生的科研能力和兴趣，强化创新思想的渗透，激发学生的创新意识，提升学生的工程能力，并在潜移默化中引导学生树立文化自信与从事前沿研究和解决卡脖子问题的使命感、紧迫感与责任感。我在课程中一般会安排一次学生的展示汇报，这样学生会成为真正的主角。令我印象深刻的是有些学生能利用所学知识（如半张量积）来解决其研究方向上的问题，每年都有学生能提出一些独到的见解。

（二）教学改革

我在教学的过程中对教学体系、教学模式、教学理念、教学方式、教学实施进行了改革。

（1）进行教学体系的改革。在课程中突出"纲举目张"的知识体系，在教学中将数学、控制论及编程结合到一起，引导学生理解其中蕴含的统一美。

（2）进行教学模式的改革，在"矩阵代数控制与博弈""线性系统理论"等课程中引入创新性的"赛百课堂"，通过多种互联网技术的交叉融合，在时间与空间上延伸传统教学的内容，加强师生的沟通与交流，引导与深化研究性教学。

（3）进行教学理念的改革。在课程中强化"探本寻源"的科学思想与精神，通过数学、哲学、科学、人文基本思想的渗透，使学生深入理解学科的根本体系，揭示知识点的来龙去脉和关联关系。

（4）进行教学方式的改革。在课程中强调"启问解问"的引导作用，进行启发式、引导式、讨论式教学，通过课堂随机提问、改革考核方式、增加平时训练与挑战等方式，大大激发学生的学习兴趣，培养学生独立思考与提出并解决问题的能力。

（5）进行教学实施的改革。在课程中注重"寓学于练"的基本功练习，避免传统教学重教不重学的根本问题。通过经常性的课堂问答、黑板演练、课后作业、编程练习，使学生真正掌握基本概念、基本思想、关键知识，锻炼动手能力，多方位培养其理论基础、实践能力和科研能力。

三、我所亲历的拔尖创新人才培养

十年树木，百年树人。我觉得老师最重要的责任是给学生风险警示，让学生认识到"世上没有救世主，一切只能靠自己"。雄鹰能够翱翔是因为其经受了搏击风雨的锤炼。老师的积极引导与老师团队的科研项目可以为学生提供迎接挑战的最佳机会，这恰恰是学有建树、经验丰富的老师能提供的最大价值。以我本人来说，如果没有贵人的引路，我不可能进入无人系统、人工智能、机器人等前沿领域。团队的平台支持与个人的不懈努力，两者缺一不可，相辅相成。对于拔尖创新人才培养来说，学生的积极性一旦调动起来会产生难以想象的力量。从高考成绩来看，我校的学生入校时成绩上不会有太大的差异，但入校几年后差异巨大。同样的环境、同样的课程、同样的教材、同样的老师、同样的时间，起点差不多，为何终点相去甚远？答案只有一个：学生的内动力是关键，老师的引导与助力只是外在条件。

因此，对找我求教的学生，我会给予关照与力所能及的支持。比如，有学生来问我能不能做网球机器人，虽然我不会打网球，但我跟学生进行了大量的讨论：网球机器人的痛点在哪里，网球机器人做出来有什么意义，以及未来可以产生什么价值，具体的技术途径，等等。我还将科研中的新技术、新想法提示给学生。后来，这个项目的第一版样机就赢得了西门子工业自动化挑战赛一等奖，西门子公司给参与项目的学生拍了大幅宣传海报，曾登在《人民日报》和北京市的地铁站广告位。这个项目后来多次迭代，获过多项荣誉，而提出想法的学生也获得了徐特立奖学金。在我的推荐下，这个学生到了国外顶级名校，已经成为一名机器人方面的专家。这个案例可为拔尖创新人才培养提供启示。

四、徐特立学院之于我

在参与徐特立学院人才培养的过程中，我深切感受到各位院领导对人才培养工作的无比重视。在徐特立学院非常有限的工作经历中，我接触了盛新庆、程杞元、史建伟、张笈、赵昊、张赞等多位领导，这些领导为了学院发展所做的努力给我留下了深刻的印象。特别是我们组织的ISCIIA2022产学研创论坛，张笈书记出席并发表了热情洋溢的讲话，对学生科创工作给予极大的支持。2021年，由我指导的学院学生张维璞牵头组织了一些学生自主开发了一个智能博弈的比赛平台，并在学院大力支持下面向全校学生举行了智能博弈比赛，取得很好的效果。

徐特立学院的学生也令我印象深刻。有两个学习不错的学生上过我的课，本科最后一年专门来找我做毕业设计，提出对投资模型感兴趣，我给他们定制了关于投资组合以及证券价值的课题，这说明学生在专业课之外做其他关于"财富"的尝试探索。前面提到的张维璞同学在一年级时即在我指导下开发出了基本完整的兵棋推演软件，得到某军分区领导的称赞，并在多个国际赛事中斩获冠军或名列前茅。我指导过的宋利非常踏实,其毕业论文曾经获得优秀毕业设计论文,虽然他在徐特立奖激烈角逐中没能入选,但我相信他坚实走出的每一步会得到回报,我欢迎他博士毕业后加入我的团队。再如,我上"矩阵代数控制与博弈"课程时征集了几位学生,让他们用lua语言重新实现齐洪胜老师开发的STP工具箱,那几位同学的表现非常出色。再如,2020年上课之初,我请每位同学在课程群里接龙,要求每人指出"2020"的一个独特之处,同学们的回答令人印象深刻。这种双向互动也使我有很多新的收获。这也是我将我开发的授课网站的域名选为"we-learn.net.cn"的原因。

五、建议和期待

根据我的观察与体会,我校为提升拔尖创新人才培养的教学质量,已做了很多工作,特别是聘请名师或知名教授精心授课,已经使学生有机会站在较高的平台之上。我的导师郭雷院士曾这样讲过:"希望同学们不要忘记,除了通常意义上的导师外,你们至少还有另外五位重要的'导师'。"郭雷院士指出的五位"导师"是:①好奇心与激情;②文献与讲座;③计算机辅助;④同学的影响;⑤同行的意见。其中第一点是最好的"导师"。

对此观点,我深以为然。我认为,提升拔尖创新人才培养教学质量的关键是激发学生对于学问的兴趣。这对授课教师提出了较高的要求。我认为老师们有必要系统梳理相关课程的知识体系,研究其发展的来龙去脉,上课时不要面面俱到,要突出根本性的概念与思想,穿插科学家的探索历程与哲学的思辨,吸引学生去关注、思索学科的根本问题与重大挑战,而不是"60分万岁",或者满足于考试中取得还可以的成绩。能站在学科前沿甚至能解决学科重大难题的师者往往更能结合科研讲出学问中的奥妙。

回顾十年,徐特立学院取得了长足的发展,我也非常感谢学院给了我参与拔尖创新人才培养的机会,也希望今后能更加深入地参与学院的专业建设与学科发展。徐特立学院拔尖创新人才培养实施效果可圈可点,但还可以进一步完善与优化,以下提几点建议。

（1）彰显我校的国防特色，将国防特色教育与专业教育有机结合，增强学生的荣誉感、使命感与家国情怀。具体来说，可以通过兵棋推演来牵引多学院、书院联合，建立创新培养基地，促进本科生优秀人才的培养。

①在本科新生军训期间引入兵棋推演与智能博弈讲座，丰富军训课堂。

②组织学生开展兵棋推演比赛或计算机博弈比赛，增强学生的爱国热情，激发学生学习智能科技的动力，并通过兵棋切入使学生理解国防以及国防科技的重要性。实际上，我校大部分学院和专业都与国防发展有一定的关联，让学生多参加兵棋推演比赛或计算机博弈比赛，不仅能够开阔学生眼界，增长专业知识，而且能让学生在对抗博弈中锻炼创新思维，激发研究动力。

（2）强化本科导师制。学校开设有大学生创新项目，并通过一些措施推动本科生进实验室，包括本人在内的许多教师都投入巨大精力和时间进行本科生培养。但部分本科生较少主动与导师联系交流。建议学校切实采取措施加强本科导师制。

（3）建议"矩阵代数控制与博弈"课程改到大二开设。"矩阵代数控制与博弈"课程很受学生欢迎。通过这一门课程学生就可以了解矩阵、图论、群论、随机过程、线性系统、博弈论等方面的基础知识，并对编程能力有很好的锻炼。学生有大一的知识就可以来学习这门课程，但目前大三才开设。大二开设该课程，可以与学生大一已经学的线性代数、微积分紧密衔接，帮助学生巩固一年级的基础，并启发学生开阔眼界、深入钻研，甚至可以为大学生创新项目或本科毕业设计做铺垫。

机械贯通英才教育有感

作者简介 王西彬，北京理工大学教授，博士生导师，机械工程学科责任教授，先进加工技术重点学科实验室副主任，GF某项目首席科学家。从事难加工材料高效精密加工、介观与微小型制造、绿色与生物制造、工艺数据库与大数据服务的教学和科研工作。兼任中国机械工程学会理事，成组与智能制造系统集成专业委员会副主任，中国兵工学会机加专业委员会副主任，兵器高效精密切削先进制造技术研究应用中心专家委员会副主任，北京市复杂构件数控加工工艺及装备重点实验室学术委员会主任，天津市高速切削与精密加工重点实验室、大连理工大学超精密制造技术GF某实验室、哈尔滨工业大学微系统与微结构制造教育部重点实验室学术委员会委员，《兵工学报》杂志编委。作为发起人和会议主席联合举办四届"微细/纳米机械加工与制造国际研讨会"。

十多年前，学校设立徐特立学院，开启了我校高等工科培养模式的一次重大革新，我有幸参与教学活动的研讨和实践。回首初创之新奇、教学准备之艰难、初获成果之喜悦的过程，感触颇多。

一、初涉贯通教育理念，一切从头再来

2012年初夏的一天，学校通知学科责任教授参加在研究生院会议室召开的一个会议，胡海岩校长作了关于贯通教育的重要讲话，孙逢春副校长主持并作工作安排。对我而言，第一次接触本硕博贯通培养的概念，并由学科牵头设

计本科生的教育教学和组织准备课程。一切感觉都很新鲜,如春风扑面桃花待放。我理解贯通教育是面向科技快速发展需求的基于本科的快速精英教育。

此时学校已经招生,都是各地高考来的尖子生。时间已临近来年的专业教育,但还没有配套的教学大纲和教材,关键是还没有理出一个专业贯通培养的知识体系和教育思路。校长们高屋建瓴、目标明确,就是以优秀生为基础,加快拔尖人才的培养,缩短常规培养的周期,掌握学科发展的前沿成果。学校也投入巨大,为此设一个"明精计划",为每门专业方向贯通课设立50万元的项目支持,用以课程的大纲编制、教材的编写、实验课的准备和首次授课的课时费。

这一切,对于从事专业教育几十余年的专业课教师来说,变化太大了,已然成熟的教学顺序、规则、知识体系及成套教材和实验、传授方法与角度都要变,而且课时大大缩减。一时苦于找不着抓手,没有切入点,深感"老虎吃天无从下口",真是"一切都要从头再来"。

二、大纲艰难架构,款曲终贯通

在学校的"明精计划"里,机械与车辆学院三个本科专业机械工程及自动化、车辆工程、动力与能源的两个半学年的全部教学仅仅被列为机械、车辆、动力三门贯通课的教育,每门课学时限定为64小时。按照这样的要求,首先需要理清思路,梳理目前教学程序、课程设置及其之间的联系,凝聚专业知识点,归纳出必须讲授的重点。这个过程中主要面临的问题是:当时机械工程及自动化专业教学的主要课程有8门,都是长期积累和历次课时精简和改革形成的,如何据此列出贯通课的提纲?思绪一片茫然,毫无办法的我陷入长久的思考之中。求教于院长,他认为机械工程及自动化的专业核心还是制造,制造的理论方法与技术,以及围绕制造形成的很多的工具知识群,其核心目的是获得几何精度和性能。对,就是这个思路。精密制造的基础知识围绕制造精度的逻辑架构,即按照精度和实现精度的概念,在原理、方法、装备三个逻辑环节凝练主要知识点,并串起来形成完整的系统,参照国际教材的发展特点,贯通教育的教材定名为"精密制造工学基础"。按照本科生、研究生、博士生学习、实践、科学研究的特点划分为基本知识基础实验学习、专门知识专门方法应用、科学理论与方法研究三个阶段。经过制造系骨干老师近三年的艰苦努力，最终在2018年编著出版了《精密制造工学基础》这本教材。因上课学时有限，加大实验课的分量，以强化专业基础的工程认知，开设了与之配套的10个实验课。该教材至今已经用于教学5年了，效果不错。我把这部教材送与上海交大、西安交大、哈工大、大连理工、天大、南航等校诸位同行教授并征求意见，大家一致认为这是一个大胆有重要意义的创新之作，称赞开辟了学科全程培养为背景的专业教育的新途径，评价其思路新颖、设计合理、取材大刀阔斧。但也提出教材内容的不足之处，如天大林彬教授指出，结合新难加工材料特点的新工艺方法介绍不够，特别是针对新一代复合材料应用发展的制造技术不够突出。这说明我们对最新的发展特点笔墨欠缺，以后再版时再补充吧。

三、机械工程门庭冷落，唯余满纸伤心

在动员会半年多的准备后，我们就"粉墨登场"开始上课了。但第一次上课，仅仅来了8位同学，顿感落寞。后来才知徐特立学院的学生是自己自由选择专业贯通方向的。学院说要靠学科专业吸引他们的学术取向。其后纵使浑身解数，努力宣传，选者依然寥寥，报机械方向的最多十多人。而在常规教学里，机械工程是最大的专业，每年招生3个班。打听之下，才知道这些学生也是心向热门，盲目趋之。相比之下，机械工程门庭冷落，眼望选课学生名单，唯有满纸伤心。

四、初讲贯通课，师生同努力

徐特立学院的学生，基础扎实，专注于听讲，接受知识能力强，内容理解得也快，也喜欢理论化的逻辑思考。而我们专业课各部分内容跳跃大，呈现形态各异，理论线条和逻辑关系不是很强，授课老师需要预先做大量的系统梳理和要点准备。为此我们组成一个授课小组，努力既呈现各部分的特点又体现各部门间的有机联系。在授课方式上也作了些尝试。尽管学时紧张，

我还是在三届学生的最后两堂课上都安排了学生分组上台讲一个小专题,他们会认真准备PPT,讲出他们自己思考后的概念理解、方法原理,甚至应用设想。这种形式既是学习的深入,又是互相交流,学生很喜欢,课堂收效甚好。但随着后来课时的进一步缩减,也就只得取消了。

五、是导师亦是朋友,学生进步最高兴

徐特立学院的另一个创新是给每一名学生安排一名教授导师,以使学生尽快融入研究课题组,了解专业发展前沿。2019年给我分了一个学生,叫宋博源,他是从陕西榆林考入北京理工大学的,成绩很优秀,思维活跃。我首先和他交流了大学学习的心得,指出了大学学习与高中学习的不同,其次向他介绍了专业发展的历史和国内外的研究趋势。我了解到,因为自主选择,一方面学生有了知识取向的主动权,另一方面因为对专业的作用、来龙去脉和学习目的模糊不清,学生在心理上缺乏信心,难以树立明确的专业志向。为此,我和宋博源进行了多次交流。我们一起"把酒问青天",共同经历他的成功和挫折。

三年级时,我主要安排他读书。送给他新出版的《机械工程史》《先进制造发展战略》等书籍,同时安排他参加我们先进加工研究所研究生每周的组会,使他了解做研究的过程、方法,学习如何整理中外科研资料,凝练问题,设计研究方案,了解先进的科学仪器,培养初步的兴趣和运用知识的创新意识。他很有自己的见解,喜欢穷究真理。如今他在德国汉诺威大学攻读硕士学位,研究的是医疗机器人技术。我们依然保持联系,我期盼着他能在德国知名大学完成博士学业。

想来接受徐特立学院机械工程贯通课教学的任务已经十多年了,虽然还有许多不尽如人意之处,也时有彷徨,但我和课程组的老师们着实为之倾力尽心,殚精竭虑,培养了一批批学生,自己的能力也得到了提高,出版了一本新教材,成功开出了反映基础和最发展前沿的课程实验,完成了学校交给的任务。如今贯通教育这条改革之路正向成功的前方延展,能为其贡献心力,是我无尽的荣光。

拔尖创新人才培养思考
——与徐特立学院同行十周年回顾

作者简介 夏元清,北京理工大学讲席教授,博士生导师,北京理工大学自动化学院院长、学科带头人,教育部"长江学者"特聘教授、国家杰出青年科学基金获得者、国家"万人计划"领军人才、享受国务院特殊津贴专家。现担任中国指挥与控制学会云控制与决策专业委员会主任委员,中国物联网工作委员会副理事长,中国系统工程学会第九届理事会理事,中国指挥与控制学会第一届理事会理事,担任多家国内国际期刊编委。主要研究领域为多源信息复杂系统的信息处理与控制、云控制理论与应用、空天地海一体化网络环境下多运动体系统跨域协同决策与控制等。

自2013年徐特立学院成立以来,笔者已与学院同行将近十个春秋,全程参与徐特立学院的课程设计论证与教学培养任务,在拔尖创新人才培养方面积累了一点体会。值此徐特立学院创建十周年之际,以此文总结。

一、坚实的数理基础

首先是学生应有坚实的数理基础。徐特立学院的学生总是会问:"我们不是数学系、物理系,为什么要学这么多、这么难的数学?"在自动化行业研究多年,笔者深知大多数学问研究到精深处,一定是严谨的,是以现代数学体系为支撑建立起来的。有一种说法是"任何专业研究到深刻的地方,都是数学"。虽然这种说法忽略了专业学科自身的特点,不全然正确,但也有一定的参考意义。工科学科有自身体系构建的特点，是由所研究的实际对象决定的，并从中抽取出一般的学科理论与技术。工科学科当然不能全是数学，如果工科学科的研究最后和数学无异，那么这门学科和数学又有什么区别呢？

一方面，数理基础仍旧在工科学科的科研中占据重要地位，起到拔高升华，从具体到抽象的作用。如果满足于做技术人员，普通的数理基础也就够了。但如果希望回答"钱学森之问"，突破一般的研究桎梏，成为拔尖创新人才，则必须具有坚实的数理基础。

以笔者所在的自动化研究领域为例，理论与技术的争论一直存在。但笔者认为不应割裂理论与技术。有时是技术先行，推动了理论的产生与发展，进而反哺技术的完善；有时是理论先出，催生技术的革新。理论与技术总是相辅相成，相互促进。例如，控制是先有相关技术，后来才出现相关理论来阐述技术应用中存在的问题；控制理论的产生，又推动了控制技术的迅速发展和广泛应用，在这个过程中，又产生了现代控制理论。如针对时滞系统控制的研究是建立在时延大、不稳定、带宽小等技术水平的基础上的，但是当通信技术发展了，时滞系统的稳定性条件更容易满足了，过去极其苛刻的研究适用范围就小了。技术的一力降十会就体现在这里。但技术的提升对解决问题依然有不逮之处，依然有无论怎么设计系统、无论怎么优化技术，都难以去除的时滞、扰动、不确定性等。在这个新的基础上，衍生了新的问题，非理论的建模分析不能解决。这里的理论可能是提出的全新方法，也可能是针对新特性、基于旧理论设计的适应性改良。但终究"最后一公里"、做出精致的研究、实现至于精巧的效果，不依靠坚实的数理基础是不行的。

另一方面，本科阶段数理知识的学习对人的思维有锻炼作用。在数理知识的学习过程中，能够潜移默化地锻炼学生的严谨性和逻辑能力。学习数学之后，平常看来自然的事物，会变得缺乏逻辑与连贯性。这样的思维能够帮助学生在科学研究中，看到平凡处的不平凡，看到显然下隐藏的问题，至少降低做研究时出错的概率。而看到平凡处的不平凡，看到普通处的不普通，看到无关处的有关联，是一种"横看成岭侧成峰"的能力，重要的科学发现往往由此产生。

二、宽广的学术视野

徐特立学院的培养方案是大一、大二上学期不分专业，进行通识教育，至大二下学期进入专业教育。因此，徐特立学院的学生有一个先天的优势，即同学遍布学校各个主要专业，为学科交叉研究提供了便利。例如，在一间宿舍中，四个室友可能分别来自自动化、信息、机械、宇航、计算机、生物等方向。在日常聊天中，自然而然地产生了对其他专业的了解认知，不会局限在自己的专业领域里。如果有进一步兴趣，还可与同学进行学科交叉研究，产生优质的科研成果。这种优势在本科阶段还不明显，但会随着学生年龄的增长和学术能力的提升越发体现出来。所以，徐特立学院培养的学生，更易具备宽广的学术视野。

而自动化也是一个学术视野较为宽广的专业。因为什么都学一点、什么都懂一点，自动化专业被戏称作"万金油专业"。但如果从其设立背景来看，就能看出自动化专业的特别之处。新中国初期，百废待兴，钱学森审时度势，针对航天、航空、兵器、船舶等复杂大系统，提出系统工程的概念。这些复杂大系统涉及诸多专业门类，需要一条主线将其串联起来，起到这个作用的就是自动化专业。自动化专业具有系统的思维，学生视野相较更广阔一些，也因此产生了很多"总师"。所以，徐特立学院本科教育和自动化学院研究生培养，可以让学生在学术视野方面更具优势。

三、前沿的研究熏陶

一方面，在徐特立学院的专业课中，有许多前置培养的内容，可以让学生更早受到前沿学术研究的熏陶。例如，在"控制科学基本原理与应用"这门三学期的贯通课程中，不仅有控制理论的基础知识，也包含了数据驱动控制、模型预测控制等当前主流热门研究方向，甚至还有更为前沿的云控制系统研究。在课程完成后，学生未必当时就理解了这些前沿方法的价值所在，未必当时就学得很明白。但育人不在一时，本科教育要为学生种下一颗种子,打开一扇窗户,让学生知道在基本的课本知识之外,世界的科技发展到了什么程度。据笔者和学生交流,进入研究生阶段后,学生方有一种豁然开朗的感觉,原来当时学的某某知识是这样应用的,原来当时的某某理论可以这样研究。我们并非功利地让学生尽快进入到 Paper Machine 的状态中,而是作为一个导游,用最前沿的知识启发学生的思维和睿智。只要这个作用起到了,虽然当时只学到一鳞半爪,将来可以"一鳞半爪也化龙"。

另一方面,徐特立学院年级之间可发挥传帮带作用。在笔者的实践中,在不影响基本课程学习的情况下,让本科生尽早进入实验室,有助于挖掘学生的科研潜力。从现实上说,本科生不具备独立的科研能力,甚至还不知道科研是什么、科研活动是怎样进行的。这里重要的不是让本科生快速地产生什么成果,而是用一种环境和氛围去熏陶,让有经验的研究生引导本科生树立正确的、有品位的科研观念,知道什么是好的研究、有价值的研究,避免他们无意识地进入质量不高的工作中,更避免他们陷入歧途,丧失科研兴趣。同时,一些有探索性、挑战性的课题可以交给有潜力的本科生尝试。本科生胆子大,没有思维枷锁,可能会产生意想不到的结果。

四、国家重大项目的锻炼

徐特立学院的学生基础好,培养的目的是将来能做好的研究。但做研究不能只专注于推公式或者做实验,还要响应国家号召,面向国家需求,在国家重大项目的牵引下锻炼学生,将学生的个人发展与解决国家的战略需求融合到一起。为了鼓励广大科研工作者不断向科学技术广度和深度进军,国家提出"四个面向",即坚持面向世界科技前沿、面向国民经济主战场、面向国家重大需求、面向人民生命健康。

我们培养学生,应与国家号召、需求、项目结合起来。首先,通过参与国家重大项目,培养学生的国家荣誉感、责任感与使命感,使学生树立报国意识,实现立德树人根本育人目标。其次,在国家重大项目的锻炼中,让学生明悟"学以致用"的精神内核,让论文不仅仅是论文,理论不仅仅是理论,让研究成果能够应用于祖国的天空地海中,真正实现价值跃升。同时,能让学生在实际场景中,知道什么是真正的问题,寻找到真正的问题,不使研究浮于表面,缺少实践价值。正如王越院士所说:"真正投入实践的,只有那些经得起考验的成果。"最后,国家重大项目系统复杂、问题繁杂、参与单位众多、学科面跨度大,参与国家重大项目能够全方位地锻炼学生能力,让学生不做局限在书斋中的写作者,而是成为可独当一面的未来主人翁,成为国家的栋梁。比如,我教的徐特立班自动化方向的第一级学生高润泽,他是班长,一直在我手下本硕博连读,参与了我主持的国家重点研发计划"云计算与大数据"专项,应用我提出的云控制理论来解决其中核心难题。因为这是完全新的思想,没有任何可参考的文献,他沉住气,刻苦钻研,目前已经在相关理论与技术取得了突破。

五、因材施教:学生特质,耐心与支持

徐特立学院的学生都是北理工从各地招收的优秀考生,但他们差异性也很大,大多数都是好孩子,有培养价值的好学生。因为每个学生家庭背景、性格特点、学习习惯、思考问题的方式等多方面存在不同之处,所以面对不同的学生、不同的天赋与特长,教师都应当倾注心力,寻找到学生的特质和闪光点,制定符合学生特质的培养策略。有些学生思维活跃,但基本功不足,应引导他夯实基础,培养脚踏实地的精神,发挥敢想敢干的优势,给予时间和宽容。特别是创新性强的研究课题,不是一时半会就能解决的,需要学生披荆斩棘,在科研的征途中历练。有些学生基本功扎实,但思维保守,对教师要求亦步亦趋,应为他提供更多拓宽视野的机会,更加充分地与其碰撞思维,激发其具有价值的思想。如我们组坚持每周一次的大组会,从本科生到博士生都参加,徐特立班的学生也在大组会上汇报。虽然有的学生可能听不懂,但会知道有这么多不懂的有趣的问题在等着他们。激发好奇心,再有扎实的基础,容易进入科研状态。

作为教师应该关心关爱学生,但这并不意味着教师应对学生全程监督,应放手给学生更多自主权。徐特立学院是贯通型培养,教师起到的是引导和保驾护航的作用。如果看到好学生,就"用之尽锱铢",恨不得手把手从入

学带到毕业。这样或许能产生很多论文，但不能培养出独立的研究者，只是培养出了标准的执行器，而非控制器、规划器乃至决策器。从徐特立学院读本科开始，再继续读研、读博，从理想化的角度说，是师生共同成就的旅途。这很难，却是目标。清华的姚期智院士在培养学生时，前一两年努力不去与学生交流，逼得学生独立想出第一个课题，之后才会慢慢地调教做科研的品位。他培养出了一批优秀学者。他的学生事后回忆，姚老师并非不关注学生，而是有意地等待和忍耐，对学生抱有更大的期望。

这是大师独有的教育方法，我们不能一味地模仿，但也能从其中获得些许启发。须知道，一个人能够在学术道路上长久地走下去，靠的是发自内心的喜爱。只有激发出学生做科研的快乐，才能让学生毕业后不逃离科研，真正在博士毕业的一刹那，成为我们的同行。而在培养过程中，我们要做的是因材施教，根据特质帮助学生成长，然后付出耐心与支持。

六、学生兴趣与团队方向的有机结合

学生是独立的个体，徐特立学院的学生对独立性要求可能会更高一些。在研究能力逐渐成熟时，他们会产生自己的想法。这些想法或许好，或许坏，但都不应简单地批判。正如孔子说的，"知之者不如好之者，好之者不如乐之者"，兴趣是最好的老师。学生能够独立产生想法，是兴趣发挥作用的里程碑事件。应该鼓励学生的兴趣和想法，从客观的角度说明其优点和不足，帮助想法成为真正好的研究。

当徐特立学院学生参与到实验室时，教师也在构建实验室团队，对研究方向有总体的设计，对技术路线也有初步的想法。但当分配科研任务后，是否也要将具体技术路线强加给学生？笔者认为未必见得。正如我们从学校南门进入，到京工食堂吃饭，直线的道路沿着体育馆过去。但如果学生想从图书馆走，如果学生想在足球场停留，要不要阻止？可以建议，但不要阻止。因为可能他从图书馆走，学习到了新的知识；在足球场停留，观看了一场精彩的球赛。这些都是有收获的，学生收获了能力，而团队的目标最终也达到了。指定大方向之后，应该尊重学生的兴趣，最大化发挥他们的主观能动性，让更多的大脑思考起来，产生整体上更大的价值。就像深度强化学习的随机性一样，一点随机却可能发现科研的新大陆。所以，培养拔尖创新人才，也应注重学生兴趣与团队方向的有机结合。

七、激发班级学习活力

徐特立学院的学生一进校，只要达到基本要求，就可以获得免试读研的资格。一方面这是好事，可以使得学生不用为了考班级前几名，拼命像高中一样把时间放在刷题上，而把更多的时间投入自己感兴趣的科创、科技问题的深入思考，或人文素质的拓展上，综合能力得到提高，这是好的方面。但另一方面，也有一些同学，只满足于及格，或中等成绩，学习失去了动力，对其他也不感兴趣，导致的结果是综合素质包括专业知识的掌握程度还不如专业学院中等以上的学生扎实，免试保研推荐面试时，很容易比较出来，最后学生找不到合适的导师，保研不顺利。因此我们还要进一步激发徐特立学院的学习活力，使整个班级形成积极向上、你追我赶的学习氛围，不能出现前面几名在学习、中后部分在摸鱼的情况。这需要学业导师、辅导员、班主任，包括院领导等一起探讨，出政策、想方法、办活动，针对学生的变化，因势利导，使得学生始终保持大一刚入学时的学习激情和学习活力。

我与徐特立学院

作者简介 胡更开，北京理工大学宇航学院讲席教授，1986年毕业于北京工业学院工程力学专业，1991年获法国巴黎中央工程师大学（ECP）工学博士学位，长期从事复合材料设计、振动抑制和噪声控制方向研究。连续多年入选爱思唯尔（Elsevier）发布的中国高被引学者（材料力学）；是国家自然科学基金委重大项目及全国精品视频课负责人；2003年获国家自然科学基金委杰出青年科学基金资助，2004年获"全国优秀教师"称号。现为《力学进展》、Wave Motion副主编，教育部力学专业教学指导委员会委员，教育部工程力学虚拟教研室负责人。曾任北京理工大学理学院院长、宇航学院创院院长，中国力学学会常务理事，教育部科技委数理学部委员，《中国科学》（物理、天文和力学卷）副主编等。

作为见证了徐特立学院创立和发展的一名教师，我一直积极参与学院人才培养和教学体系的建设。在学院成立十周年之际，回顾和梳理参与徐特立学院人才培养的点点滴滴，心里有很多的感慨。

2008年年初，受学校委托对成立宇航学院进行国内外调研，后又作为院长负责组建了宇航学院。2009年新的宇航学院成立之初，深感在航天领域人才培养与国内外相应名校之间的差距，新学院班子决定先从人才培养入手，在学校探索一套航天领域创新人才的培养体系。这时恰逢学校在创新型人才培养方面进行改革试点，实施本硕博贯通式培养方式。在时任教学副院长唐胜景教授的主持下，融合宇航学院本科责任教授的智慧，针对学校的改革要求,提出了"夯实基础、模块培养、企业参与和国际视野"的培养理念,并具体细化了培养方案。宇航学院提出的面向航天领域本硕博创新人才培养方案,获得学校的认可,并作为试点学院之一全面实施。该项人才培养改革获批建设,给初建的宇航学院极大的鼓舞,在教师中掀起热爱教学和投入学生培养的热情,增强了学院的凝聚力。2013年,学校决定成立徐特立学院,来统领学校创新型人才培养的实施,宇航学院的本硕博贯通式人才培养工作自然也纳入徐特立学院。这也是我和徐特立学院的第一次接触,角色是从宏观上推动了徐特立学院中的航天人才培养计划。

在徐特立学院成立不久,学校为进一步推动本科课程体系的改革,在2014年年初提出在每个学科打造一门"金课",得到了各学科的积极响应。时任力学学科责任教授小组组长的我和学科教师经过多次沟通和讨论,决定由我来牵头在固体力学方向建设"材料与结构力学"核心贯通课,对固体力学方向涉及的本科基础课程进行全面整合,由时任力学系主任霍波教授来具体负责实施。

该贯通课体系本着"原理从一般到特殊,工程应用从简单到复杂"的原则,将弹性力学、材料力学、结构力学、实验力学、计算固体力学和科研训练等内容进行了重塑。通过理顺各知识点的衔接,减少了重复,大幅压缩了学时;实验和计算手段与理论体系相互印证、相互加深理解,增强了学生的实践能力;专门的科研训练环节,提高了学生的知识综合运用能力。形成的固体力学贯通课具有理论体系完整、实践能力增强、综合训练突出等特点。通过相应的知识体系整合,不仅提高了课程难度,还大幅减少了学时。经过近十年在徐特立学院的教学实践,该课程受到了学生的好评,近些年来形成了力学系本科教学改革的新亮点,也得到了国内同行的关注。我受邀在西北工业大学、北京航空航天大学、国防科技大学等多所高校进行了交流。

鉴于固体力学贯通课的改革实践尝试,在胡海岩院士的倡导和具体推动下,2020年,力学系对承担的本科力学基础课程启动了全面的改革。按照固体力学贯通课的思路,启动了"动力学与控制"贯通课和"流体力学"贯通课的建设。可以期待不久的将来,力学系将会为全校工科学生提供全新的力学基础课程教学体系。这是我的期待，也是力学系全体参与这项巨大教学改革老师的共同愿望。这是我与徐特立学院第二次接触，也是一种重逢，是作为来自宇航学院，积极参与徐特立学院创新人才培养建设的一名教师。

　　随着我们国家经济和科学技术的不断发展，以前赖以高速发展的模式"引进—消化—吸收—再创新"已不复存在，为此我们国家相继提出了"创新型国家"的建设。作为为我们国家发展培养过大量科技人才的北京理工大学，如何面对新形势和新要求，培养出符合新时代发展的创新型领军人才？面对这个问题，时任校长胡海岩院士，针对我国科学技术发展的阶段，经过系统思考，提出了培养工程科学家的理念。经过和他多次交谈和讨论，我们认为在宇航学院，面向航天领域，开展以工程科学家培养模式的实践非常必要。在加强数理和力学的基础同时，要打通工程科学和工程技术教学体系相互割裂状况，并实现学生按兴趣的个性化发展，培养学生发现和解决重大工程实践所遇到的重要基础问题。2019年年底卸任宇航学院院长后，我也计划投入更多的精力在本科人才培养上。为此我们建议成立工程科学实验班，该建议得到了宇航学院、徐特立学院和学校的大力支持，工作顺利展开。

　　工程科学实验班由胡海岩院士担任首席科学家，我担任责任教授，负责培养体系和课程体系的具体建设。在宇航学院力学和航空宇航科学与技术两个学科教师的共同努力下，构建了与"动力学与控制""固体力学""流体力学"贯通课相互衔接的"飞行器动力学与控制""飞行器结构分析与设计""飞行器空气动力分析与设计"三门航空航天专业基础课。同时还开设了"工程科学导论"和"飞行器系统概论"通识课程，以扩大学生的视野。这里要感谢时任飞行器设计与工程专业的责任教授刘莉，对航空航天课程体系的建设提出了很好的建议。该实验班的责任教授助理赵颖涛副教授，为实验班工作的顺利开展做了大量细致的准备工作。还要特别感谢各门课程的授课老师，多次开会认真讨论教学体系的结构、知识点的衔接等具体细节。胡海岩院士更是参加了所有课程内容和结构的最终审订，并提出了很好的建议。

　　经过两年的实践，每次和实验班同学座谈时，我都能感受到他们身上的那股朝气和求知的欲望。看到他们的快乐成长，内心都会很欣慰，之前的努力都很值得。这也是我和徐特立学院的第三次相识，更准确地说是融入，我已经成为徐特立学院的成员，积极参与学校创新型人才的培养。

　　我也有幸近距离接触了几位徐特立学院的学生，比如徐特立奖学金获得者李展宇，目前是我的博士研究生，明显感受到他具有的深厚理论功底及严谨踏实的学风。再如选择工程力学本科专业的白闻硕，上课期间，能感受到他思维活跃、基础扎实，对自己的未来有明确的目标和规划。他们都从不同的侧面印证了徐特立学院给学生未来的发展打下了很好的基础。十年树木，百年树人，我们的先贤早就意识到人才培养的长周期和不易性。人生是场马拉松，而非百米冲刺，唯有夯实基础、锤炼品德，才能达到"德以明理、学以精工"之境界。也正是如此，徐特立老院长"实事求是，不自以为是"的教诲，一直是作为一名老京工人的我学习和工作的指南。最后祝愿徐特立学院为我们国家培养出更多的栋梁之材。

徐特立学院十周年之感
——关于拔尖创新人才培养的几点思考

作者简介　盛新庆，北京理工大学集成电路与电子学院讲席教授，国家级人才。2009年度北京科学技术奖一等奖第一完成人。长期从事计算电磁学、目标特性与隐身设计、天线分析与设计、复杂电磁环境模拟等方面研究。先后主持科技部重点研发计划、某委重大基础研究计划、国家自然科学基金等30余项科研项目。在国内外著名学术杂志发表SCI论文150余篇；出版著作6部。主持完成了"中算"电磁仿真软件，并被30余家设计单位使用。主讲的"电磁场理论"课程被评为双语教学国家级示范课程，*Essentials of Computational Electromagnetics*被评为2013年北京高等教育精品教材。担任计算物理学会计算电磁学专业委员会副主任委员、中国电子学会电波传播分会委员、高等学校电磁场教学与教材研究会副理事长、电子学会第十届理事会编辑出版工作委员会委员，《电波科学学刊》副主编，《系统工程与电子技术》等杂志编委。

21世纪，吾中华民族开启了复兴之路。复兴或直接依赖于经济和军事，间接于政治和文化，而可能根本于人才。和当今发达民族相比，应该说吾中华民族不缺人才，但是缺少顶级创新人才，这从世界最具创新力和影响力的一流公司数目，以及诺贝尔奖、菲尔兹奖获得者人数可见一斑。因此，如何培养拔尖创新人才已成为当代中国高校，尤其是"双一流"高校最重要的政治任务之一。徐特立学院正是在这样的背景下，于2013年，在时任校长胡海岩院士的积极推动下构建成立的。近年在张军书记和龙腾校长的支持下，有了进一步的提升和发展。一晃十年过去了，有经验，更有期待。

徐特立学院办学经验很多，在这里从我的观察视角总结三条：①徐特立学院已成为北京理工大学拔尖创新人才培养的品牌。徐特立学院每年招生的最低录取分数线以及高分人数比例之高，便是明证。②徐特立学院已形成了较为完整的本硕博贯通培养体系。从招生录取、专业分流以及研究生推免等各个环节都已形成较为成熟的办法。而且，建立了徐特立学院学生本科阶段提前选修研究生课程的机制。③徐特立学院打造了一批较高质量的本硕博贯通课程。本人有幸也主持打造了一门电子信息专业的贯通课程"电磁理论、计算、应用"。这门课程着重从人类文明和电子信息未来应用两个角度，将原先"电磁场理论""微波技术基础""天线""计算电磁学基础"等课程进行浓缩和提炼，从理论构建过程讲到如何将理论转化成技术，以及如何利用计算机进行仿真和设计。这门课程的教材已于2016年由高等教育出版社出版，并计划于近期修订再版。

人才培养的探索之路是无止境的，徐特立学院拔尖创新人才培养探索之路也是一样。在徐特立学院建院十周年之际，本人作以下几点思考。

（1）杰出人才的成长经历表明，成长环境对人成才极为重要。杰出人才往往都是在一个好的环境中自由成长起来的，而非刻意培养。最近，本人出版的《伽罗瓦理论之源流——群论建立者的故事、风格、作用》，以群论真实发展过程为基础，通过剖析群论创建中所涉核心数学家（牛顿、欧拉、拉格朗日、高斯、柯西、阿贝尔、伽罗瓦等）的身世、风格、作用，多方面展示了群论发展的社会和文化氛围，以及群论创建者自身理性与非理性的交融过程。从中可以看到，原始创新过程是很鬼魅的。虽然数理知识本身是极其有条理的、简明的、理性的，但是发明它们的人物和原动力在很多时候是杂乱的、繁复的，甚至是非理性的。再以大器晚成的杰出华人数学家张益唐为例，固然其本人的数学天分和毅力是重要的，但美国的研究环境使他能抛弃名和利的干扰潜心研究才是最最重要的。营造真实和自由的研究氛围是培养杰出人才的关键。真实和自由才能使人"应无所住，而生其心"。没有这一点，再好的苗子也会窒息而死，或者都成为千篇一律的看似能干但可惜并没有真正创造力的一类社会破坏者。

（2）适当调整拔尖创新人才的培养观念。拔尖创新人才的培养和专业人才的培养应该略有不同。在拔尖创新人才培养方案的建设中，不少老师习惯用专业人才的培养观念去设计方案，总觉得专业知识要充分，不能缺，导致方案学时数降不下来。学生除了上课和做作业，没有其他自由掌控的时间。拔尖创新人才培养方案的目标应该不是让学生具备完备的专业知识，而是通过基础、核心专业知识的传授和剖析，让学生具备将来学习专业知识的能力，更重要的是让学生具备判断如何随着时代的发展，不断调整自己知识结构的能力。当然，这样的培养方案是有风险的。也就是说，这样培养出来的学生虽然更有可能具有发展潜力，但是也许会因为专业知识传授不够充分，适应工作岗位较慢。这是不可避免的，机会总是与风险并存。

（3）与国外一流高校相比，国内学生视野窄可能是普遍存在的问题。国内学生往往是指定课题或任务，能出色完成，但是不能发现或不会选择有价值的课题和任务。往往"把国家需要什么，就干什么"，简化为"领导需要什么，就干什么；老师需要什么，就干什么；别人干什么，我就干什么"。这种方式，对于普通人来说，也许是一个优点，但是对于一个拔尖创新人才来说，是不够的。国家需要什么，从来就不是一个简单的命题。其本身就是一个判断力和创造力的体现。徐特立学院拔尖创新人才培养方案就应该有培养学生思考这个问题的课程。人类在不断思考其生命的意义，古今中外在这方面积累了丰富的智慧，这些智慧是我们思考当代国家需要什么的基础。我们应该集学校力量打造一门较为系统地介绍人类思考生命意义智慧结晶的精品课程，姑且称为"哲学与人生"。北理工徐特立学院拔尖人才培养方案中应该增设一门这样的必修课。

培养"理论联系实际、勇担强国使命"的特立英才

> **陶然** 北京理工大学信息与电子学院教授、博士生导师,北京市教学名师,北京市优秀研究生指导教师。曾获国家杰出青年科学基金资助,曾任"长江学者"特聘教授、国家自然科学基金委创新研究群体带头人、教育部创新团队带头人,是"百千万人才工程"国家级人选、全国高校黄大年式教师团队核心成员(序2)、教育部高等学校电工电子基础课程教学指导分委员会委员、北京理工大学学报(英文版)主编,被评为北京市优秀党员、师德先进个人、工业和信息化部工信先锋。长期从事分数域信号与信息处理理论及方法研究,主持国家自然基金委创新研究群体项目、重大仪器项目(自由申请)、重点项目,某委基础某重点项目等。发表SCI论文200余篇;授权发明专利100余项,多项应用于"嫦娥五号"、高轨导航卫星、中继通信卫星等国家重要型号;出版信号处理领域著作、教材7部,含北京高等教育精品教材1部。入选2022年全球前2%顶尖科学家,获教育部自然科学一等奖1项(序1)、教育部科技进步一等奖2项(均序2)、中国电子学会技术发明一等奖1项(序1)等。获国家教学成果二等奖1项(序3)、北京市教学成果一等奖2项(序1、序3)、国家级一流本科课程1项(序1)、高校青年教师奖。

秋日的北京理工大学,金色的银杏树在阳光照耀下显得温暖又绚烂。沿着栽满银杏树的中关村校区校园南路来到研究生楼,走进教室,只见同学们正被老师行云流水般的讲解深深吸引。站在讲台上为大家授课的是陶然教

授。熟悉陶然教授的老师和同学们都知道，他每周四上午都要在中关村校区讲授面向全校硕、博士开放的信号处理领域前沿课程"分数域信号处理及其应用"。中午12：20下课后，陶然教授匆匆在学校食堂吃过午饭，便马不停蹄地搭乘校车奔赴良乡校区，为徐特立学院信息与电子类方向本科生讲授专业核心贯通课"信号处理理论与技术Ⅰ、Ⅱ、Ⅲ"。17：40下课后，陶然教授再次搭乘校车返回中关村校区，20：00准时出现在"多维度信号与信息处理实验室"组会上，对课题组硕、博士的科研工作进展给予指导。组会常常一开就是几个小时，但他从不说累。等组会结束回到家，已经是深夜了，陶然教授忙碌而充实的"教学日"终于画上了句号。

问：您是如何参与到徐特立学院人才培养中来的？

陶：我从教28年，曾讲授"数字信号处理""现代谱估计""雷达系统与技术"等本科课程。自2014年起，主讲徐特立学院本科专业核心贯通课"信号处理理论与技术Ⅰ、Ⅱ、Ⅲ"，课程获北京理工大学"明精计划"立项、精品课程及研究型课程认定；经过持续建设，入选首批国家级一流本科课程、首批教育部在线教育研究中心2022"拓金计划"课程；相应慕课即将在"学堂在线"上线；配套教材《信号处理理论与技术》获工信部十四五规划教材立项，将于近期出版；相关课程思政示范课入选优秀课程思政教学资源，被新华网宣传示范。此外，我根据徐特立学院的本硕博贯通培养机制，将本人主讲的线下研究生课程"分数域信号处理及其应用"（教育部在线教育研究中心2022"拓金计划"课程）、"非平稳信号处理"和线上课程"分数域信号与信息处理及其应用"（研究生精品网络共享课，已在"学堂在线"上线）作为"信号处理理论与技术Ⅰ、Ⅱ、Ⅲ"的拓展课程，目的是理论联系实际，促进课程学习和科学研究的有机结合。

问：请您谈谈您为拔尖创新人才开设的课程有哪些特色和亮点？

陶：

（1）细致讲解数学公式背后的"物理内涵"，理论联系实际。

我为徐特立学院讲授的本科课程"信号处理理论与技术Ⅰ、Ⅱ、Ⅲ"是信息与电子类专业重要的基础课程之一，且公式繁多，不易理解。为此，我会在授课过程中详细讲解抽象数学公式背后通俗易懂的"物理内涵"。比如在正反傅里叶变换的讲解中，我会点明傅里叶反变换的实质是将信号表示为不同频率的正弦波信号的叠加，而傅里叶变换则是为了将难以处理的时域信号变换到频域，从而利用一些诸如滤波的手段对其进行处理。我始终认为，学生不是死读书本的机器，因此在本科教学过程中需要时刻关注公式背后的物理内涵，否则学生仅仅是死记硬背、应付考试，理论无法联系实际，就会在今后的科学研究中毫无抓手、方向不明、难以自洽。

（2）精心设置"研究型教学讨论课"，理论基础与学科前沿相结合。

考虑到徐特立学院学生的"直博生"定位，我将本科课程"信号处理理论与技术Ⅰ、Ⅱ、Ⅲ"每学期48学时（理论课）中的9学时设置为"研究型教学讨论课"。在讨论课前，我会结合国家重大战略需求，以专题形式向同学们介绍信号处理领域的某个经典问题或前沿技术；在课下，学生需要根据专题要求，自主探索和学习相关科研内容，可以是国际顶级期刊上的一篇优秀论文，也可以是对相关科研内容的自由探索；在课上，学生以翻转课堂的形式针对所学内容进行交流与分享，我会对其讲的好的点进行鼓励，对其讲得不够完善的点进行知识点补充。在此过程中，学生将所学课程知识与前沿科学研究内容融会贯通，并以汇报的方式进行展示，既了解了学科前沿动态，也锻炼了独立思考能力、自学能力与汇报展示能力。

（3）全面融入"课程思政"教育元素，启发学生勇担强国使命。

北京理工大学是中国共产党创办的第一所理工科大学，始终传承"延安根、军工魂"的红色基因。我始终秉持红色育人理念，以徐特立学院开设的本科课程"信号处理理论与技术Ⅰ、Ⅱ、Ⅲ"和研究生课程"分数域信号处理及其应用""非平稳信号处理"为突破口，对当前信息与电子类本科生思政教育开展情况进行全面调研与剖析，建立思政素材库，深挖课程思想政治教育资源；并结合多种教学模式，将思政教育元素融入课程教学过程中。我通常在第一节课上，便会给同学们讲"大国科技博弈的核心之一是信息技术，而现代信息技术的发展离不开信号处理理论与方法"，紧接着，我会以雷达通信、卫星导航、信息对抗、导弹制导、航空航天等军事国防领域中所涉及的信号处理问题为背景,展开信号处理理论与方法的讲解;并在授课过程中融入我校王越院士、毛二可院士等老一辈科学家坚韧无我、矢志强国的奋斗故事。课程最后,我会再次和同学们强调,关键核心技术是要不来、买不来、讨不来的。只有把关键核心技术掌握在自己手中,才能从根本上保障国家经济安全、国防安全和其他安全。

问:您是如何指导拔尖创新学生在本科阶段从事科研工作的?

陶:考虑到本科生在科研过程中,针对不同领域和不同科学问题对信号处理知识有不同的需求,我会充分考虑本硕博贯通培养中本科阶段学生的认知特点和知识结构,以信号处理的基础知识为贯穿线索,在其基础上进一步深化、拓展,连接通信、雷达、导航、遥感、生物医学、声学、图像、光学、模式识别、自动控制、数学各领域和学科。此外,我会利用科研团队的科研资源和学术积淀,及时把最新的科研理论与应用成果引入本科教学中,真正实现科研反哺教学;设计并向本科生提供具有国际化视野的多种形式的学习机会,比如邀请国内外学者开展前沿专题学术报告,与具有国际领先水平团队开展联合研究,参与国际竞赛,提供国际联合培养和访学机会,参加高水平国际学术会议,学习国外高校在线课程,提供世界五百强企业参观与座谈等,同时开放具有高阶性和挑战性的国家级研究课题供高水平学生选择加入,尤其是本硕博学生和具有继续硕博前景的优秀本科生,目的是提升他们的综合实力,更早地建立良好的科研习惯和创新思维逻辑。

看到我曾经指导过的徐特立学院本科生从课堂走向科研,深入研究测控导航、电磁频谱监测、辐射源定位等国防军工领域重点课题和计算成像、人工智能等国际前沿课题,并在IEEE TSP、IEEE TGRS、ICASSP、ICML等顶级期刊、顶级会议发表高质量学术论文,斩获最佳论文奖和全球AI华人新星奖,我的内心非常感慨,愿他们在未来的科研之路上越走越远。

问:请您谈一谈在参与徐特立学院人才培养改革的教学中,您和学生之间有哪些双向互动?

陶:我与徐特立学院本科生的互动主要借助于研究型教学讨论课。借助这一机会,同学们能够充分发挥主体地位,和大家分享自己的学习内容和科研想法，为课堂带来了新内容、新思路、新活力。课堂的讨论和分享使同学们看到了课本上看不到的东西，开阔了眼界，丰富了知识，也为学生今后自主选择科研方向打下了坚实基础。为了激发学生的学习兴趣，帮助学生建立科研自信心，我经常会激励同学们说"你这个想法很有意思""你归纳能力很强"等，在这样的双向互动中，整个课堂氛围都很轻松、活跃。

在课堂之外，我还热烈欢迎徐特立学院的本科生来参加课题组组会，我们的组会常常邀请国内外学者开展前沿专题学术报告，或者让实验室的博士、硕士生开展研究汇报，带领同学们了解学科前沿知识，拓宽知识面；学生们有一些科研想法，也可以在我们的组会上汇报，我会予以大家指导，答疑解惑。我希望能够借助这样的方式让学生形成早期的科研积累，激发学生对信号处理的兴趣和好奇心，为学生今后顺利进入博士阶段打下基础。有多位徐特立学院本科生早在大学二年级、三年级便来旁听我的课题组组会，在此期间找到了科研方向，发表了高水平科研论文，并在大学生创新创业大赛中斩获佳绩；还有多名学生在本科毕业后进入我的科研团队攻读博士学位，在面向国家重大需求的科学研究中发挥了重要作用。

问：除了学习成绩，您对学生还有哪些期待呢？

陶： 我希望初入科研路的本科生能够早早树立报国志向，以服务国家重大战略急需为使命，瞄准国家重大需求和世界科技前沿。因此，我在指导徐特立学院本科生学习和科研过程中，常常会问学生："你推导的这些有没有物理意义？""这个方法的实际应用价值是什么，在什么领域有实际意义？"目的就是时时刻刻提醒学生，所做的科研要理论和实际相结合，不但要在理论方面寻求突破，还要具备实际意义和应用价值，解决不能解决的问题，满足国家重大战略需求。

未来，我将砥砺奋进，继续为培养"胸怀壮志、明德精工、创新包容、时代担当"的特立英才添砖加瓦。

徐特立英才班"学术用途英语"课程建设有感

叶云屏 北京理工大学外国语学院教授,曾兼任全国大学外语教学指导委员会委员,全国大学英语四、六级考试委员会委员,全国学术英语教学研究会常务理事,中国英汉语比较研究会专门用途英语专业委员会常务理事。2013年徐特立学院成立之初,受命负责徐特立英才班英语课程建设,设计了本硕博一体化培养模式下的"学术用途英语"1-4级系列课程,主编了《理工专业通用学术英语》1-4级系列配套教材,组建了学术英语教学团队。2018年该课程获北京市教育教学成果奖一等奖。同时,基于徐特立英才班学术用途英语课程教学与研究,发表了一系列SSCI和CSSCI研究论文,其中,*EAP for undergraduate science and engineering students in an EFL context: what should we teach?*(《非英语国家理工专业本科生学术英语课程:到底应该教什么?》)于2021年获Elsevier授予的"China Top OA Author Award"(高下载论文学者奖)。论文*From abstracts to 60-second science podcasts: Reformulation of scientific discourse*(《从论文摘要到60秒科学报道:科学话语的再构建》)于2022年获学术英语领域顶级期刊*Journal of English for Academic Purposes*授予的"Best Paper Award"(最佳论文奖)。

杨敏 北京理工大学外国语学院副教授,获国家级教学成果一等奖(2015年),北京市教育教学成果一等奖(2018年),北京理工大学教育教学成果一等奖(2017年),首批国家级一流本科课程"学术用途英语"主讲教师,北京市课程思政示范课程"学术用途英语"主讲教师。

> 2013年成为首批徐特立英才班"学术用途英语"教学骨干，全程参与"学术用途英语"1-4级系列课程的研发，担任《理工专业通用学术英语》1-4级系列教材副主编。

杨：记得2013年4月，您开始组建徐特立英才班学术英语教学团队，组织我们编写讲义、集体备课，在这之前您做了哪些工作，课程建设方案是如何确定的？

叶：2013年3月初，外国语学院主管教学的副院长来电，说英语课程被纳入学校拔尖创新人才培养课程体系，遇到了很多困难，诚恳希望我提出建议。于是，我学习了学校有关文件，从中了解到徐特立学院成立的背景以及本硕博一体化贯通培养课程体系，领会了学校2012年颁发的《关于拔尖创新人才培养的若干意见》精神，综合分析了学生和学校对英语的需求以及国内外英语教育历史与现状，梳理了自己20多年对科技英语和学术英语的研究与实践，完成了"本硕博一体化培养模式下的学术用途英语课程建设"建议书和课程设计论证报告，提交给了研究生院、教务处和外国语学院，并很快得到积极反馈。研究生院立即组织了一个由各学部和各学院专家组成的课程建设方案评审组，对课程设计论证报告进行了充分的讨论，最后时任校长胡海岩院士一锤定音，确定了学术用途英语课程定位和课程建设方案，我顺理成章成为课程建设负责人。当时，徐特立英才班英语课程每年分为4个班，我从全学院遴选了12名教师，组建了一个全新的学术英语教学团队，紧锣密鼓地开展一系列教研活动。

杨：本科阶段开设学术英语，当时在国内没有可以借鉴的先例，您有过担心吗？

叶：有太多的担心，也有太多来自各方面的阻力和压力。一方面，要满足学校拔尖创新人才培养的英语需求，实现学术英语教学目标。另一方面，长期以来大学英语课程的性质、教学方法、教学管理模式、课程考核方法在师生中根深蒂固，学界对学术英语也存在各种误解，导致很多教师漠然置之,坐观其变。也正因为有太多的担心和压力才迫使我们坚定不移地打破长期以来英语教学和管理思维定式,按照全新的课程设计路线图,披荆斩棘,直奔学术英语教学目标。

杨: 学生完成四个学期课程学习后,考核方式是学术写作和科研演讲,要求学生根据自己的专业或研究兴趣,自拟题目,用英语撰写文献综述报告、科研立项申请报告、实验报告等。很多学生还用英语撰写了大学生科研创新项目申请报告,有的用英语完成了大学生数学建模竞赛论文,有的在国际会议上宣读过论文,甚至有学生在申请出国参加国际交流项目时,用课程论文证明自己的英语水平,取代了托福或雅思考试。期末口语考核是基于写作内容做科研演讲,每年都有学生将自己的期末科研演讲视频自豪地呈献给家长,汇报学习成果。您对学生的成绩感到惊喜吗?

叶: 喜,而不惊,并不意外,因为我对四个学期每一堂课的教学内容和教学活动都了如指掌。实际上,这些成绩正是课程所要达到的预期效果。真正的惊喜是学生在问卷调查中对课程的积极反馈:"写作挺有意思的,自己去检索很多相关的文献,写的同时学到了很多东西。另外做presentation也是有点小爽,很久没有这样在讲台前'指点江山',很享受。""终极感想是潜心用一个学期的时间研究一个领域的问题,学习到很多东西!还是蛮骄傲的,最后做presentation时,能用英文跟别人介绍一个看起来很高大上的东西,哈哈,开心。""这学期开始时根本无法想象自己能写出这样的一篇大的科技文,还记得LEVEL1和LEVEL2的时候,对那些人写的文章觉得好高大上,觉得那是离自己很远的事情,没想到如今我竟然能自己写出一篇来。"还有学生这样写道:"大江东去,浪淘尽,千古风流人物,当学学术英语。"……可见,学生不仅增长了知识和能力,还收获了很多快乐。

杨: 您为什么这么在乎学生的感受?

叶: 因为从中学到大学,从基础英语到学术英语,一定会给学生不小的压力和挑战,也不是所有学生都能应对。我们应该尊重学生的成长规律和学业发展规律,让他们既感受到一定学习压力,又要给予他们足够的关爱和呵护,激发他们的学习热情,使他们保持"忙碌并快乐着"的健康状态。因此，在课程建设初期，每完成一个单元的教学之后都做一次问卷调查和小测验，了解学生的学习进展，根据学生的反馈对教学活动进行微调。

杨：您又是出于什么考虑，在2013年徐特立英才班大一时，教材里就设计了很多非常严肃且沉重的问题，如："从事科学研究和工程技术工作的理由是什么？""如何才能成为成功的科技工作者？""理工学科与人文学科之间是格格不入吗？""科学家应该勇于承认犯过的错误吗？""一个成功科技人员的素养是什么？""为什么诚实是科学研究最重要的准则？""工程技术人员的职业道德准则是什么？""最理想的团队有什么特征？""实际应用到底是科学研究的动机，还是科学研究的结果？"……

叶：也是出于对学生身心健康发展和思想品德培养的考虑。德育向来是育人之本，唯有德才兼备的人才称得上是人才。拔尖创新人才将在自己的领域里起到引领先行作用，在社会中起到表率示范作用，德育更是重中之重。在当今信息爆炸时代，我们也担心学生有时难免会不明是非，缺乏判断力，或者受功利主义的影响，在困难和挫折面前踟蹰不前。因此，从大学一年级开始，就要把学生的心理素质发展、思想品德教育和价值观培养贯穿到每一门课。除此以外，徐特立英才班的学术英语课程理所当然还要融入学术品德、学术素养、职业道德、团队精神、创新精神等元素，起到润物细无声的效果。

杨：您认为如何把这些元素融入学术英语课程才能达到预期效果呢？

叶：有很多方法，但要与课程特点和教学目标相契合。任何英语课程教学目标都离不开听说读写技能的进一步提高，所以我们的方法是以优质语言材料输入作为切入口，选用大量与科研学术相关的英语原版文章和原声听力材料，训练学生的阅读理解和听力理解能力。学生在接受信息的过程中，了解到科技工作者的亲身经历、思维方式和行事风格，也了解到他们锲而不舍和百折不挠的奋斗精神、严谨治学和一丝不苟的工作作风，以及服务社会、造福人类、淡泊名利的奉献精神。记得第一篇阅读材料就是*100 Reasons to Be a Scientist*（《从事科学研究的100个理由》），接着是*Habits of Successful Scientists*（《成功科学家的习惯》），*Letter to a Young Scientist*（《致青年科技工作者的一封信》）等。通过听说读写和课堂讨论活动，使学生受到潜移默化的影响。

杨：您认为该课程取得预期效果的关键是什么？

叶：关键是学校对拔尖创新人才的培养目标明确，徐特立学院、外国语学院、教务处的密切协作和大力支持，英语教师的创新教学方法，特别是学生自身的努力和语言悟性等。除此之外，就是周密的课程设计，四个学期循序渐进，环环相扣。教学材料设计和教学活动设计针对性强，教学材料是理工类学生和科技工作者经常会用到的话语类型或语篇类型，具有典型性、代表性和教学意义。从简短的科技新闻报道、访谈、讲座，到原版期刊文章、教材章节、专著和技术报告等，都包含科学话语、学术话语构建中经常采用的宏观修辞结构和微观语言形式。

杨：教学材料中的理工专业内容，对很多英语教师来说是一个障碍或挑战，应该如何应对？

叶：任何学术文章都带有专业性，特别是太偏太窄的科研课题，不仅对英语教师是极大的挑战，对学生来说也是一个障碍。我们采用的一个重要策略是把理工专业学生作为一个大类考虑，根据理工类学生共同关注的科技问题，寻求理工类学术话语的共性。例如，第三学期的阅读材料选自我校学部专家推荐的英文原版教材、专著和技术报告。课程设计的重点是确定这些文献类型中常用的语篇构建模块，把教学内容优化为各个专业通用的语篇构建模块，包括专业术语定义、技术概况、公式与符号、图表、技术系统构造、分类、工作原理和流程、技术性能、实验过程。熟悉这些模块的结构特征和语言特征是提高专业文献阅读效率的关键。记得教材中用了一篇关于二氧化碳分离、捕捉和封存技术的文章正是由定义、技术设备、构造、工作流程、工作原理等构成的。我们设计了很多模仿练习，如通过阅读文本来制图，或将图表内容用文本描述，提高学生对特定语篇和语言形式的熟练程度。总之，学术英语教学目标不是学专业知识，而是边应用英语边提高英语的过程，也就是说，一定要用英语阅读文献，获取信息，同时又从文献阅读活动中提高英语。

杨：针对理工类学生的学术英语还强调哪些共性？

叶：强调各专业所共有的学术思维方式和思维过程，以及对这些思维方式和思维过程的表达方法。例如，第四学期我们关注各个学科在科研和学术交流中常用的话语类型，如立项申请书、文献综述报告、实验报告、科研论文等。虽然文献带有专业性，但教学中我们关注的不是某专业的某一个研究问题是否有学术价值或实用价值，而是关注作者提出研究问题的过程和论述其研究价值的方法；也不关注采用了什么技术原理，公式推导是否正确，而是关注如何用英语描写技术原理和公式推导的过程；不关注得出了什么结果，而是关注如何恰如其分地呈现并解释研究结果，如何对结果展开讨论等。这样将会使学生掌握学术语篇的内在逻辑、信息结构和篇章特质，以及表达这些内容时的语言特征，并将这些知识转化为产出能力。

杨：2018年，徐特立英才班学术用途英语课程毫无悬念地获得了北京市教育教学成果奖一等奖，您对此有何评价？

叶：其实我从不关心也从不在乎该课程是否获奖，从2013年获得北京市教育教学改革立项到2017年整个课程建设过程中，我最关心也最在乎的是学生是否受益，有多少学生受益。我知道自己的力量和能够承担的课程极其有限，所以我觉得自己最重要的任务是把一批优秀青年教师引到学术英语教学方向上来，培养教学骨干，形成一个可持续发展的"学术用途英语"教学团队。目前，随着课程的推广，该教学团队也不断扩大，受益的学生也更多。

杨：我知道您最近几年的论文大多是基于徐特立英才班"学术用途英语"课程设计和教学实践，在国内外英语教学界产生了积极影响。这些论文对学术英语教师有何启示？

叶：学术英语教学归根结底是基于科学话语特征的教学，科学话语并不局限于某一种特定的语言特征或风格，而是会随交际目的、对象、情景，甚至学科的变化而变化。在过去的几百年里，科学话语已形成了很多体裁，但万变不离其宗，学术英语课程教学任务就是让学生掌握典型科学话语体裁中那些可辨认的宏观修辞结构和微观语言特征，以及相关体裁的共性和特性。那么，教师应该对这些话语体裁特征有深入研究和广泛了解，在此基础上优化教学内容，改进教学方法。10年前，学术英语研究与教学在国内还是个新生事物，但现在已经成为语言学领域的热门话题和英语教学的重要方向。在高等教育国际化的时代，像北理工这样的"双一流"大学，英语教育也应该呈现自己的特色和亮点，起到一定的引领作用，受到国际同行的关注。每个英语教师都应该顺应时代潮流，与时俱进地提升自己的研究水平和教学水平，服务于国家和学校人才培养和战略发展的需要。

附录

徐特立学院历届毕业生名录
（2017届—2023届）

2017届毕业生

3011301班

包凌志	费炜杰	韩 陌	李明欣	李锡波	梁 晟	刘昕玮	齐东润	孙成瀚
汪泰霖	王 琛	王浩宇	王玮琛	张谷南	张海鸣	张志远	朱伟华	邹润楠

3011302班

曹倩雯	陈业扬	段思远	丰致鹏	冯程昊	高润泽	高 源	何唯佳	洪煜中
胡双翼	胡兴曲	黄晓伟	金 鑫	雷高益	李 堃	李文吉	李 翔	林 达
林宇森	刘 恒	刘松卓	吕 骁	倪正超	倪志同	潘 啸	彭 潇	强治文
宋睿昊	孙中兴	王 晨	王瀚林	王 鹏	王尊升	吴方圆	徐宇轩	许 健
张竞文	张淇瑞	张滋林	严勤思维					

2018届毕业生

3011401班

陈海岩	何 杰	贾飞达	李斐然	刘庆霄	刘诗宇	刘梓萱	马健词	王子凡
肖 前	闫 羽	杨润秋	姚 卉	于哲源	喻志桐	赵冬越	周璞明	

3011402班

陈宇凡	邓路凡	范承陶	冯子航	巩 敏	韩冬昱	韩羽菲	何思佳	黄高娃
黄 腾	李沛桐	李思杭	林 敏	林业茗	卢杉杉	马瑞宜	曲锴淳	王 凯
王仪倩	魏恺轩	吴明睿	闫伟豪	杨碧珩	杨 菲	杨义校	叶子蔓	张昊星
张 鹏	张 婷	张文喆	张智信	周妍汝				

2019届毕业生

3002501班

代 慧	郭 柳	李天龙	李雨星	潘健雄	戚 迪	乔 力	苏 浩	隋 仪
孙家宇	孙心桐	王吉雯	魏冠东	吴东明	徐欣玥	杨邴予	杨俊华	杨 柳
张佳音	张劲铎	张 翔	周晨阳	朱楷文				

3004501班

陈仲瑶	代洪霞	龚衡恒	景亚曼	孔令名	史浩男	宋 利	苏静宇	王思励
王子聪	吴浩澜	吴磊杰	闫媞锦	俞云开	张 将	周天翼	周子隆	

3005501班

闭昌瑀	陈 祺	邓云山	国文杰	黄 宇	孔馨婉	李展宇	李宗霖	励明君
刘宜佳	庞 博	宋严杰	田若冰	于华斌	赵梓辰			

3006501班

柴志雄	陈焕钟	杜国栋	黄文豪	季伟浩	贾宏晨	赖武轩	李 超	李家琛
李文浩	李翔宇	李子睿	刘济铮	刘 琦	田 雨	王汉伟	王天翔	王 野
张桢栋	赵原辰							

2020届毕业生

3007601班

白云健	曹靖威	单兰鑫	高俊辉	龚 乘	桂碧麟	刘仕杰	刘维其	刘一鸣
卢桦承	鲁冰洁	马纯烨	马良骥	梅冰清	乔天杨	宋江源	王 啸	王仰杰
薛植润	闫沛泽	弋 滨	詹炜鹏	张恒立	张祥瑞	赵梓澄	周熙童	周星宇
朱 哲								

3008601班

曹凯淇	车帅帅	陈欣源	陈奕名	陈韵竹	程文浩	程子雄	董新虎	窦博文
高晨钟	高祥君	郭英乾	侯少尉	胡 兴	怀丽敏	江子昊	李亦轩	李易为
廖美昊	刘士涵	刘业欣	刘 辗	吕家奕	马亦凡	茅睿达	齐雅昀	申克凡

孙 昊	田 航	王清怡	王仁豪	王 鑫	王宇轩	温笑生	吴汝晗	武春旭
徐佳伟	严梓庚	杨泽源	于浩淼	于家宝	于泉涛	鱼 涛	张登凯	张慧雯
张悉伦	张翔宇	张旭阳	赵生武	赵羿硕	郑凯凯	周 鑫	欧阳巧琳	

2021届毕业生

30011701班

常 添	杜佳衡	孔胤翔	李恩先	李世震	李 硕	李致远	梁舒博	刘心慧
鹿 畅	祁宇轩	权小龙	史佩卓	王林丰	王铁儒	王宇航	吴缪斯	徐浩轩
杨雨晴	尹雪琪	余全洲	张 茜	张文愚	张心骛	张越哲		

30011702班

陈昊天	陈宇浩	高玥扬	关 鑫	何循洁	姜明浩	李怡涵	刘尚非	牛啸霆
任天时	阮建桥	邵之玥	师淳暄	王存灿	王骁飞	吴俊怡	徐冠宇	徐泰来
杨晟铸	尹赛君	余 凯	张博为	张嘉炜	张昱潇	赵若彤	赵小涵	郑祚修
智佳豪	朱天昊							

30011703班

段睿康	范文骁	韩世杰	侯翰章	黄一帆	雷 诺	李 想	卢浩楠	罗 迪
罗俊成	马 梁	彭楚博	陶臻诣	王斯艺	王轶帆	王云朋	吴 锐	邢智博
熊竞一	薛明轩	杨枕戈	袁祥博	张翰澄				

2022届毕业生

30011801班

白闻硕	范泽宇	付墨轩	李庚辰	李洪洁	李沛豫	李玥树	李姿颖	刘澳昕
刘炳志	刘沛尧	刘子健	卢佳琪	宁艺凯	彭博涵	孙小龙	王红佳	王凯飞
王祎婧	邢昊楠	杨涵宇	叶语霄	尤浩文	张灏明	张君豪	张淞宁	周文权

30011802班

高羽雄	黄咏仪	李沛锦	李 杨	刘博轩	刘旭洋	鲁思嘉	钱 锟	任 皓
生涛玮	唐家栋	王 琪	王星霖	吴欣俊	徐浩琛	尹 航	张维晟	郑玉楷

30011803班

程树辉	翟轲轩	韩宇轩	焦筱醇	李承恩	李翰杰	李拓键	刘诗雨	吕沛原
孟小强	彭君心	曲家琦	孙润东	伍泰平	姚怡君	余津杨	袁沛文	原久茜
张博譞	张博杨	张浩然	张宇迪	赵 博	赵胤博	周祐超	朱守泰	

30011804班

程润北	董家暄	方泽栋	冯士伦	贾 奥	蒋柠蔚	康碧琛	李明嘉	林乾烨
刘格远	刘书航	曲韵博	邵崇武	唐诗雨	汪俊凯	王朝阳	王奕涵	王音子
徐伯辰	尹可嘉	于楚光	袁龙辉	张庚辰	张铭源	张治康	赵冠淇	赵祉瑜
郑可凡	周杰烜							

30011805班

车明臻	陈奕江	郭 丹	韩易龙	李松霖	梁兆翔	刘含玥	刘新宇	刘 钰
孙宏民	田雅琦	汪 雷	王圣镭	吴嘉伟	夏博君	徐海涛	薛晨乐	薛阳凯
袁志诚	曾嘉禧	张乘源	张若辰	张宇啸	赵佳嫒	赵信达		

30011806班

蔡剑毅	陈佳钰	陈志立	楚照耀	崔 特	房梓博	冯苏豪	郭文轩	郝悦含
李宇特	李兆骅	梁瑛平	林骋怀	林哲龙	刘毅波	刘泽宇	缪 雨	舒牧葳
陶 媛	王 嵩	王天一	王心宇	吴严鑫	武泽翰	谢健霖	张博睿	张 正
周可歆	朱博宇							

30011807班

陈宇辉	邓雨昊	范宫瑜	范士琦	盖天烁	厚 腾	李林溟	李世哲	李逸来
李 峥	李政翰	李子昂	李琢凡	刘 博	刘星宇	刘莹雪	刘钰倩	刘政宇
罗泽宇	宋怡静	孙光辉	孙 轲	王 栋	王敬泽	吴德龙	吴昊泽	叶子涵
余万泽	虞 睿	张高莘	周亦炜					

30011808班

陈 乔	陈泽龙	韩新元	雷 音	林云龙	刘雨恒	吕千一	马博垚	莘展骅
孙昊鹏	田宝静	田雨欣	徐容恺	杨名轩	杨 翼	于婉泽	袁烨天	郑沄龙
朱俊宇								

30011809班

陈镜伊	陈俊杰	陈 龙	董欣怡	方俪瑾	付宇飞	高炜程	桂路峻	郭昊东
韩宇辰	贺正阳	胡皓哲	李佳奇	李林芳	李正屹	刘雨桐	卢光锐	师一帅
石辰睿	宋九鹏	孙浩文	孙执航	王嘉洋	魏韶谆	文晨旭	曾熙玥	张栩恺
赵天童								

2023届毕业生

特立1901班

边文婧	曹 津	常君旸	陈 新	陈 缘	崔 琦	董 昊	付喆远	胡亦楠
姜奕茹	晋泽轩	冷鹏宇	李 凡	李维宇	刘津彤	刘世宁	刘馨月	毛书沛
沙霆威	沈以睿	石欣悦	吴一凡	杨志伟	岳 远	赵 冉	赵思佳	赵子瑜
周毅豪	朱桂潮							

特立1902班

蔡吉山	曹宇鹏	高云宜	贾开心	匡 钺	李金男	林子涵	刘 婕	刘梓阳
吕浩欣	马云祥	冉丰瑞	荣傲寒	沈博晗	史峰屹	苏 丹	唐 堂	仝炜业
王 菁	王圣尧	王熙栋	闫国琛	杨先芝	杨一帆	张维璞	张笑语	张益玮
张志远	赵如意	钟天雄	钟子奇					

特立1903班

包宇涵	陈信燃	丁笠桐	郭程旺	胡馨然	荆梦杰	兰天伟	李墨勤	李思霖
李习文	刘 舸	刘静靖	骆潇尧	彭文骏	乔 丹	尚子睿	唐绍龙	王一鸣
王翊琛	王子奕	向怡之	肖 蔚	谢 太	于泽群	张钧言	张 岩	钟建鑫
周聪睿								

特立1904班

曹梦婕	陈浩权	陈 羿	陈 语	谷泳良	黄 洲	姜超杰	蒋宗宏	梁昕恺
刘佳文	马骜桀	牟善同	倪之晓	钱宇梁	申 奥	申家媛	陶肖龙	王高杰
王思成	吴雨佳	夏晨笑	熊子天	于 阅	岳 超	岳锦江	张 博	张子骏
郑 磊	陈泰宇轩							

特立1905班

曹源清	曹兆鹏	陈水斌	崔 昊	段晰耀	方政亿	高万新	郭 鑫	贾典昊
蒋佳荟	金子瑶	李 诚	李 广	李林瀚	李 祺	李青松	李志超	廉欣唯
林 天	马牧远	米永清	乔 旭	王树泽	王崧乔	王新元	于昱淞	熊 澳
杨皓安	叶思宏	张涛膺	赵宸浩					

特立1906班

曹城玮	曹 旭	曹延旭	曹 原	曹子衿	常惠宇	陈新饶	成苒博	高 远
郝语淙	黄璟涛	贾宇博	林 涵	刘丹阳	刘威诚	汤 凝	王昕宇	王禹然
杨翔宇	杨修齐	张安达	张安琪	周一冲	周 宇	欧阳昱中	奥登格日乐	

特立1907班

曹宸瑞	陈璐颖	陈照欣	歹润润	高鑫峰	高宇龙	郝 蕴	纪沅辰	李诺然
李曜宇	林致锋	刘安格	刘东硕	刘子钲	罗虹堡	申卜源	司言词	田兴博
涂皓博	王奕杰	王逸凡	肖志恒	杨 卓	姚泽洲	詹祺睿	朱青华	朱艺菲
祝楚龙								

特立1908班

安俊杰	陈一川	陈子傲	董佳佳	范泊宁	关晓宇	郭浩然	黄楠汐	匡子睿
李明阳	刘浩男	刘天翔	刘兆珩	罗自远	吕君同	潘 洋	王凤翔	王皓泽
王云辉	谢天壤	许志远	杨浩森	姚嘉树	张镕麒	张 禹	赵悦心	周升友
庄致远								

特立1909班

包迦羽	蔡林灿	陈其睿	付梓筠	何章威	洪 锐	黄泽伟	季嘉恒	贾静宜
贾林海	金美琪	靳文毅	兰 斌	李晟昊	李依凡	李雨书	李 祯	李臻奇
刘晨阳	刘昊霖	施家宜	时皓铭	田炎智	王浩然	王韫川	王兆维	吴竞飞
张 尧	郑学含	周旭东	朱嘉豪					